本书为陕西省教育科学十三五规划2016年度课题"美育视角下西安市新型城市社区培育践行社会主义核心价值观研究"（课题编号：SGH16H066）的结项成果。

审美教育与
大学生的全面发展

冯 婷 著

中国社会科学出版社

图书在版编目（CIP）数据

审美教育与大学生的全面发展／冯婷著. —北京：中国社会科学
出版社，2017.11

ISBN 978 - 7 - 5203 - 1325 - 4

Ⅰ.①审⋯　Ⅱ.①冯⋯　Ⅲ.①大学生—审美教育
Ⅳ.①G40 - 014

中国版本图书馆 CIP 数据核字（2017）第 267312 号

出 版 人	赵剑英
责任编辑	姜阿平
责任校对	胡新芳
责任印制	张雪娇

出　　　版	中国社会科学出版社
社　　　址	北京鼓楼西大街甲 158 号
邮　　　编	100720
网　　　址	http://www.csspw.cn
发 行 部	010 - 84083685
门 市 部	010 - 84029450
经　　　销	新华书店及其他书店

印　　　刷	北京明恒达印务有限公司
装　　　订	廊坊市广阳区广增装订厂
版　　　次	2017 年 11 月第 1 版
印　　　次	2017 年 11 月第 1 次印刷

开　　　本	710 × 1000　1/16
印　　　张	12.75
字　　　数	182 千字
定　　　价	59.00 元

凡购买中国社会科学出版社图书，如有质量问题请与本社营销中心联系调换
电话:010 - 84083683

代　序

　　人是追求理想的动物。人既不是为胜利活着，也不是为失败活着，而是为希望活着，为理想活着。

　　人的具体理想各种各样，千差万别，而人类共同的、普遍的理想则是对真、善、美的追求。真是人的观念与对象的符合，指人在认识和行为上达到了与客观对象的本质和规律的高度统一；善在广泛的意义上相当于"好"，指人的功利需要的充分满足和人际关系的和谐状态；而美是在前两者的前提下实现的更高层次的统一。如果说真是人以认识对象为目的的外向的统一，善是人必需的、受各种社会规定性制约的话，那么美则是人的内在的、自我肯定的、自由自觉的状态。作为人类最高理想的美，不仅包括满足人身心舒畅和愉悦需要的美感体验，更标志着人的自由创造和全面发展。人的创造性活动一方面创造了美的世界，另一方面又创造了美的自我。人从自己创造的世界中看到了自身的智慧、力量和能力，看到理想转化为美好的现实，从而体验到人生的意义和乐趣，身心沉浸在愉悦、兴奋和幸福之中，这是一种理想的、美好的境界。

　　基于对美的这一认识，三年前冯婷同学提出把"审美教育与大学生的全面发展"作为博士论文的研究题目时，我欣然同意了。当然，关注这一问题，也与当前社会上功利主义盛行有关。它表现在许多方面，比如学校教育中过分强调读书学习的实用功利性价值，而忽视它的根本要义：人性养成、人文化育。教育应该培养人的精神长相，改良人的天性，升华人的灵魂，而这正是美育的旨趣所在。正是在这个意义上，她提出的问题值得深入探讨，这一研究更具现实意义。

冯婷的博士论文，首先是从总体上研究了美育的本质、功能、历史发展以及与人的全面发展的关系。其次分别从形式审美教育、艺术审美教育等五个方面阐述了不同类型审美教育的特点。最后对当前高校审美教育的健康发展提出了自己的建议。正式出版前，她本人又根据最新研究成果作了进一步修改。

冯婷同学学习刻苦认真，善于独立思考，功底扎实，对这一课题又有丰富的资料积累和较长时间的精心研究。书中阐述的美育知识，有关观点和相关资料对于读者，特别是高校思想教育工作者具有重要的参考价值。

看到学生的著作要出版了，她的心血得到了社会认可，作为她的博士生导师，我深感欣慰。写了这些话，是为序。

门忠民

2017 年 5 月 23 日

目　　录

绪　　论

一　问题的提出及研究意义

（一）问题的提出

在马克思的《1844 年经济学哲学手稿》中，有大量关于人的审美活动的论述，并强调人类对美的追求推动了社会的进步。人们在社会中从事各种活动的根本动力源于满足自身的需要，而满足审美需要就成为他们追求美、欣赏美、创造美的内驱力。这种需要高于一般性的物质需要，属于人的更高层次的精神世界和精神需求。人与客观世界的关系内含着审美关系，在这种关系中，人不断发现直到最后自己创造出和谐、有序的众多艺术形象来满足自己身心愉悦的需要。这一过程就是人的审美活动过程，它对社会的进步和人自身的发展有着重要的作用。

审美活动源于人类社会的初始，而审美教育作为专门的学科却是在近代才形成的。一般认为，德国思想家席勒是美育理论及实践活动中当之无愧的集大成者，是他最先提出对人们进行审美教育的。这一学科的发展对我国教育产生了相当重要的影响。蔡元培先生在国内第一个提出了美育代替宗教的观点，从而把美育提到很高的地位。马克思主义告诉我们：人的意识是实践的产物，并随着社会的发展而不断发展，审美意识也是如此。审美教育的任务就是研究审美意识按照什么规律发展，并且教会人们正确使用这样的规律促进自身全面发展，最终实现人的自由和社会的进步。未来社会的发展必然以每个个体的全面发展为前提，也就是说，要使每个个体生理和心理素质同时得到提高，才能实现社会的进步。美育作用于人的心理，促进人身心的协调、健康发展。

在科技迅速发展的今天，教育作为公共事业不可或缺的一部分，占据的位置越来越重要。教育为新世纪培养了更多优秀的人才，成为国家发展的重要因素。我国的教育走过了艰辛探索、曲折发展的路程。古代教育重视德育，现代教育，特别是改革开放以来，又片面强调智育。无论古代还是近现代，我国的教育都比较忽视美育。这一偏差对学生的健康成长和全面发展有一定程度的影响。本书以审美教育对大学生全面发展的促进作用为研究对象，试图探讨美育在整个教育过程中的地位和价值。通过这一探讨，希望对我国教育事业的发展、两个文明建设、人与社会的和谐发展的研究提供借鉴和启示。

（二）研究意义

1. 理论意义

马克思在《1844 年经济学哲学手稿》中，用大量的篇幅阐述了他的美学思想，认为人对美好事物的追求促进了社会的进步。人作为社会的主体，不断寻求能够满足需要的真善美的客体。人们进行审美教育并使之成为一门专业性的学科，是在 17 到 18 世纪的西方世界，该领域的集大成者当数德国思想家席勒。他把审美教育提到很高的位置，并通过更深入的研究使其成为一门独立的学科。就目前对于审美教育的研究现状看，大多是从实际应用的角度谈论审美教育，理论上未做系统、深刻的阐发与总结。本书旨在立足审美教育现实，以马克思主义审美观为指导，试图对审美教育活动做比较系统的总结，为审美教育的实践探寻新途径，对审美教育理论做自己力所能及的贡献。

2. 现实意义

马克思主义一直把人的全面发展作为社会进步的根本目标。人的发展包括生理和心理两个方面的协调发展，体现在现代教育中就是"体质"和"心质"两个方面。"体质"的培养，可以通过体育、劳育的锻炼；"心质"的培养，则需要德育、智育、美育合力完成。美育在现实教育中往往是在这些教育完成的基础上才受到关注，造成了诸育发展的不均衡。实际上，审美教育作为一种非强制性教育，有着其他教育所不能替代的积极作用。人们通过审美自觉、自由地认识世界、改造未来，不仅对自身发展有着良好的作用，也对"两个文明"的建设起到至关重要的作用。因此，本书的研究对整个社会的发展，有着重要的现实意义。

二　研究现状

（一）国内研究综述

审美教育在我国的正式发展虽比较晚，但起步却可以追溯到先秦时期。周代开始，我国就有了"六艺"教育，包含丰富的文学和艺术教育的内容。20 世纪初，西方美学的传入，美育在我国开始了漫长的本土化活动，这一时期以王国维和蔡元培先生为代表。王国维根据人的精神有"知、情、意"三个部分而把教育区分为智育、德育、美育，将美育定性为"情育"。此外，鲁迅、梁启超、朱光潜、丰子恺、王统照等人，也对美育进行了深入研究，促进了美育在我国的发展。

美育在我国历史上最为兴盛的时期出现在改革开放到 20 世纪 90 年代。这一时期硕果累累：第一，重新确立了美育的地位，强调美育在素质教育中的作用。第二，审美教育资源不断丰富。美育研究开始大量汲取西方美学研究成果，包括哲学、教育学、心理学、生理学等。除此之外，还扬弃了我国传统文化中关于美育的思想理论，加入了现当代美学家朱光潜、宗白华、蒋孔阳、李泽厚的观点。第三，研究中外美学思想的专著增多，例如聂振彬的《中国古代美育思想史纲》、涂途的《欧洲美育思想简史》、姚全兴的《中国现代美育思想述评》等。

20 世纪 90 年代以来，美育的研究更趋成熟。首先是对其内涵的界定由最初的艺术教育扩展到更广的范围，把自然美、科技美、社会生活美也纳入美育体系。许多学者意识到美育不仅是感性教育，而应把感性和理性统一起来，提高学生的整体综合素质。其次对美育功能的研究更加深入，认为美育不仅只有培养人们欣赏美、创造美的功能，还有了塑造人格、促进生产力发展、推进社会进步的功能。随着各方面研究的深入，美育的学科基础也得到了扩展，不仅局限于美学和哲学，还依赖于心理学、社会学、教育学、脑科学等学科支持。例如滕守尧的《审美心理描述》一书，对美育进行了详细阐述，既上升到宏观框架建构，又涉及微观具体方法途径。此外，各高校也开始设置专业课程进行审美教育和美学研究。

目前，我国美育理论研究的主要人物和成果有：（1）教育部人文社会科学重点研究基地山东大学文艺美学研究中心主任、教授、博士生导师曾繁仁。他编写了《西方美学简论》《现代美学思潮》《美育十讲》《审美教育新论》《走向 21 世纪的审美教育》等著作，不仅系统阐述了当代美育基本理论问题，还对美育的理论与实践相统一的特定学科的性质、任务和方法进行了深入探讨。他提出的主要观点有："中和论"美育思想，主张美育作为"情感教育"不是抽象的；美育具有沟通科学主义和人文主义的中介功能；要在现代性视域下，在中国语境下研究西方美育理论；要研究审美教育心理学，并把审美教育与脑科学研究结合起来①。（2）中国高等教育学会美育研究会会长仇春霖教授，他主编的《简明美学原理》《美育原理》《大学美育》等著作，对美育的历史、本质、意义、任务做了详细研究，对大学生美育问题进行了探讨。（3）浙江师范大学教授、中华美学学会常务理事、全国美育研究会副会长杜卫，他主编的《美育论》《美育学概论》等系统地介绍了美育学科的历史、功能、性质以及美育的操作原则，对美育进行了系统的分析。他的又一大贡献是将美与人的全面发展、个性发展联系起来，把心理活动与审美特征联系起来，力图加快美育发展。（4）袁济喜在《传统美育与当代人格》一书中，将古代文艺学与美育建构人格问题结

---

① 曾繁仁：《走到社会与学科前沿的中国美育》，《文艺研究》2001 年第 2 期。

合起来，在该书"人格境界与审美精神"中，对人格境界与儒道互渗的审美精神做了较为详细的论述，不乏启迪意义。其他有类似观点的著作还有夏志勇的《高校美育与大学生健康人格的塑造》、林莺的《关于当代中国大学生人格美育的设想》、王振君的《美育与大学生人格的培养》、唐华的《美育与人格的塑造》等。

在诸多学者的共同努力下，美育研究不断深入，但仍存在许多问题值得我们反思，主要集中在美育的实践问题上。首先，美育的辅助地位没有得到本质改变。目前，高校都非常重视德育、智育和体育，但不少高校轻视美育。许多高校在德育、智育和体育方面有许多实际举措，而在美育方面，没把美育作为必修课，即使开设也只是作为公共课或选修课。有些高校甚至完全没有开设美育课。同时，对于文化自信也只停留在宣传层面，没有深入学生内心深处。其次，美育理论与实践脱节，"当代美育研究却仍在重复前人的理论，很少有从事美育理论研究的学者走向学校，走进课堂，走入学生当中，研究具体的美育教学问题，这是有待解决的一个大问题"①。杜卫也曾提出学者们对美育的研究应当树立问题意识，由理论向审美教育的实践进发，但实际情况并不乐观。最后，美育研究往往单打独斗，目前"美学界和教育学界、心理学界在美育问题上缺乏沟通和共识；美学界对美育的理论研究带有浓重的理想色彩且在一定程度上只是在重复经典的思辨性美育理论；教育学界和心理学界的美育研究虽注重研究具体的教学问题，注重走向学校，走进课堂，走入学生当中，建立试验点，但大多研究只是简单地将美育等同于艺术教育，缺乏理论深度，并没有将美育真正融入学校教育的全过程"②。

（二）国外研究综述

西方世界早在古希腊时期，柏拉图就构想了用理想国来完成

① 杜卫：《中国现代美育理论的本土意义与历史局限》，《学习与探索》2004年第6期。

② 张继涛：《当代美育发展历程及其问题的思考》，《安徽文学》2009年第2期。

"理想人"的塑造。他是第一个把"美"提升到理论高度的人，认为各种美的事物都是对"美本身"的模仿。之后的亚里士多德也对"美"有专门的论述，其作品《诗学》就是在教导人们如何审美。亚里士多德的"政治人"学说源远流长，因此在他的审美观点中也加入了政治的色彩，以审美促进个人德行的养成，进而以德执政、治国，这便是他审美观点的精华。古希腊文明之后的鼎盛当数文艺复兴和启蒙运动，这一时期探讨人性自由、人的解放占据了整个思想界的高峰。而实现这一目标的途径之一就是艺术审美活动，因此这一阶段，文学、音乐、绘画等艺术十分受欢迎，成为青年们追求的热门。

　　经历了文艺复兴和启蒙运动，西方才开始把审美活动作为教育的内容之一。这项活动的开启者当数德国古典哲学大师康德，其代表作为《判断力批判》。该书可以说是其美学思想的诠释，既解释了美学的一些基本概念，又道出了审美的性质。紧随其后做这项工作的便是席勒，这个审美教育的集大成者第一次把审美同教育联系起来，成为后世美育研究的奠基人。他在《审美教育书简》中谈道："在美的观照中，心情处在法则与需要之间的一种恰到好处的中间位置，正因为它分身于二者之间，所以它既脱开了法则的强迫，也脱开了需要的强迫。"① 审美教育成为实现人自由的唯一途径。此后，黑格尔、马克思也对审美问题有相当篇幅的论述。黑格尔指出，审美使人获得解放。马克思十分重视美育对人格形成的作用，提出人要按照美的规律去塑造，其观点是我们进行审美教育的基础。

　　目前西方对审美教育研究的著作也较多，主要的代表作有：德国阿多诺的《美学理论》，美国马尔库塞的《审美之维》，美国詹姆逊的《后现代主义文化理论》，德国卡西尔的《人论》，美国朗格的《艺术问题》，德国席勒的《席勒美学文集》《席勒美学信简》《审美教育书简》，德国康德的《判断力批判》等。他们的主要观

---

　　① 席勒：《审美教育书简》，冯至、范大灿译，上海人民出版社2003年版，第88页。

点集中在突出审美教育的重要作用上，并提出要在学校贯彻审美教育，以此促进学生发展。

三　研究内容、思路与方法

（一）研究内容

本书从当前大学生审美教育存在的问题出发，以马克思主义美育思想为指导，以当前大学生的全面发展为目标，系统探讨大学生审美教育的基本问题，力图为大学生审美教育寻找新的途径与方法。本书首先从"美"及"美育"的概念入手，厘清审美教育问题的基本概念和定义，明确审美教育的本质和功能。其次，按照马克思主义人的全面发展理论和审美观，分别从人的需要、人的主体性发展、人的多种能力、人的个性及人的社会关系五大方面论述审美教育与人的全面发展的关系。再次，分论审美实践的五大形式，包括形式审美、自然审美、科技审美、社会生活审美、艺术审美，从不同角度和类别探讨大学生审美教育的实践意义。最后，结合当前大学生审美教育发展的现状及问题，总结高校审美教育观念更新取得的成果，探索高校审美教育发展的前景，为审美教育的进一步发展奠定基础。

（二）研究思路

基于上述问题的提出及研究内容的铺设，本书从十个章节来陈述对大学生审美问题的研究成果。前四章是基础概念的介绍及引申，从"美""审美""美育"等概念出发，厘清所要研究的主要内容及重点问题，再用马克思主义关于审美的观点及方法论分析审美教育对于大学生全面发展的积极意义及影响。中间五章分别从形式审美教育、自然审美教育、科技审美教育、社会生活审美教育、艺术审美教育出发，详细阐述不同形式的审美教育对大学生身心各方面发展的作用、价值及实践意义。最后一章是对全书的总结。首先，肯定了当前审美教育由于观念的及时更新取得了十分重要的成果；其次，阐述大学生审美教育实践的重要意义；最后，探讨大学审美教育的前景，为寻找大学生审美教育的新方法提供些许思路。

（三）研究方法

本书以马克思主义的美学理论为基础，在撰写过程中，具体采用以下研究方法。

理论联系实际的方法。本书在对审美活动进行分类时，从形式审美、自然审美、科技审美、艺术审美、社会生活审美上，分别讲述各大高校在这五个方面的实践活动与审美理论如何实现恰当链接，理论如何指导高校的美育实践。

历史与现实相统一的方法。文章谈到审美教育的历史发展时，采用了马克思主义的唯物历史观，既承认该事物在历史上的发展状况，又不忘记联系现实，以其今天的发展作为研究依据。

比较分析的方法。本书比较了中西方关于审美问题研究的异同，这种横向比较法有利于科学研究的开展。

多学科研究方法。该方法贯穿整本书的始终，不仅应用了美学、教育学研究，还用到了哲学、历史学、精神学、生物学等学科提供的数据和方法。

文献研究法。在研究过程中，本人查阅了各种参考文献，包括书籍、著作、期刊、报纸，还有一些电子文献，充分吸收前辈研究成果的精髓，为本书的研究奠定了坚实的基础。

第一章　审美教育概述

第一节　美与美育

一　什么是美

美是什么？无疑它来自我们认识世界和改造世界的过程中。人类创造美，既创造了美好的事物，也创造了美好的境界，给人类社会的发展带来了双重文明的收获。一方面，美化着世界的主体——人类自身，使人的身心和整个世界处于和谐统一的美好境界；另一方面，它也美化着整个外部世界，使其按照人类的美好意志向前发展。这两个方面的作用对人自身的美化尤为重要。人作为世界的主体，不仅决定着自身的发展，还左右着世界的进步，关键是将自身发展与世界进步连接起来。审美教育可以看作在用一系列审美活动影响人的性情，再按照美的规律塑造人格，最终使审美活动不再是被动的，而变成一个自觉的过程。美实际上是人们的一种反应，是自己的需要被满足后愉悦的反应。马克思对"美"的本质内涵做了分析，他认为"美"是建立在人类劳动的基础上的。劳动既展现了人的内在美，又表现了对象的外在美，二者相融合体现在劳动实践的过程中，这就是美。这个观点和我国传统文化中对"美"的表述一致，"美"就是内外统一、真善统一、和谐友爱。

二　美育的含义

美育作为人类相对独立的活动，最早源于两大文明古国的教育，一是古希腊柏拉图的"学园"，二是中国古代孔子的"私塾"，这是美育的雏形。而给审美教育正式定义并广泛传播的是德国美学大家、诗人席勒。1793年，席勒出版了《审美教育书简》，首次提出了美育的概念，这是人类文明史上第一次系统地对美育给予阐述。而席勒审美教育的基本思想及基本框架，实际源于康德。

康德的《判断力批判》等著作，为席勒美育思想提供了可考原则。首先，是将美育划归到情感领域，这一原则建立在实体与现象界二元分裂的哲学基础之上。康德讲过，实体物质与现象界是根本对立的，人在实践过程中只认识了现象，而无法认识物质本身，物质本体只能依靠感情之外的意志去把握。因此，人的心里就形成了"知"与"意"两个领域，这两个领域的沟通只能依靠"情感"，这样"知、情、意"就达到了统一。"情"成为"知"和"意"的桥梁，也与之相对应地成了真与善的沟通者。康德将人划分为三类：动物性的人、理性的人、动物性与理性兼具的人。这三类人具有不同的欲求与特征，动物性的人追求生理快感，理性的人追求本性之善，只有二者兼具的人才能拥有美的品质。同时，他还认为，美与自由紧密相连，美的艺术就是人的想象力不受任何约束，并与理性、认知相互统一的和谐状态，这种美满的状态也能唤起主体高尚、愉悦的情感。

席勒沿袭了上述美学原则，建立了自己关于美育的一系列概念。首先，他给美育的任务下了明确定义，即美育开辟了一个全新领域，独立于感性和理性，摆脱世俗的约束，消除感性与理性的强制影响，是一个高尚的情感领域。他曾经把这个领域称为审美的王国，"在力量的可怕王国中以及在法则的神圣王国中，审美的创造冲动不知不觉地创建第三个王国，即游戏和假象的快乐的王国，在这里，审美的创造冲动给人卸去了一切关系的枷锁，使他摆脱一切可以叫作强制的东西，不论是身体的强制或是道德的强制"①。可见，他想要告诉众人的审美王国是源自人们情感深处的、自由自在

---

① ［德］席勒：《审美教育书简》，冯至、范大灿译，上海人民出版社2003年版，第162页。

的、崇高的。其次，他认为人们在这样一个审美的王国里所从事的一切活动既不能是简单的感性认知，也不能完全信赖理性法则，而是把两者结合起来，达到感性与理性完美融合下的"审美的外观"。由此可知，美的外在表象无非就是"活的形象"和"审美的外观"。席勒又对审美对象做了分析，即美的形象。这种"美的形象"主要指艺术作品，但范围很广，囊括了美的方方面面，加客体及主体。最后，席勒分析了"审美的外观"或"活的形象"与自由想象力的关系。美是一种能够唤起自由想象力的力量，仿佛游戏中不受束缚一样，而游戏却是由"过剩"引起的，即使是动物，也是在相同的情况（即食物过剩）下才会"游戏"。他举例说："当雄狮不为饥饿折磨，也没有别的猛兽向它挑战的时候，它闲着不用的精力就为自己创造对象；狮子的吼叫响彻沙漠，在这无目的消耗中，它那旺盛的精力在自我享受。"① 人是高级动物，也是在生理需要得到满足时才能进入游戏状态。但是审美作为一种特别的游戏，是自由且充满想象力的游戏。它同自然生理欲求没有任何关系，更不会受到束缚。人们摆脱了动物本性，自由地想象且符合理性的要求。人作为想象的主体，在游戏中充分地感受着自由的快乐，体验着高尚的情感世界。席勒还对"快乐"做了分类，第一类是"感性的快乐"，人只有作为独立的个体，才能享有这类快乐，不具有普遍性。第二类是"理性的快乐"，人只有在群体中生活才能感受得到，但是这种快乐并非普遍存在，因为人具有相对独立性。第三类就是游戏中的快乐，人既能独立存在又能代表种族来享有这种快乐，因此这种快乐就是感性和理性的结合体、个别和普遍的统一体，是人们追求的高尚情感。

席勒建立了自己的"审美王国"，十分推崇这个自由的王国，并认为美育是人们获得自由特别是政治自由的唯一途径。我们考察席勒所处的时代及他的身份地位不难得出，《审美教育书简》是启

---

① ［德］席勒：《审美教育书简》，冯至、范大灿译，上海人民出版社2003年版，第158页。

蒙运动时代的作品，这是一场资产阶级引领的、倡导"自由、平等、博爱"的思想革命运动，探讨的热点问题是如何实现这一思想。该问题在当时也颇有争议。席勒代表德国资产阶级也在寻找人们向往已久的自由，但认识到资产阶级不可能带给人们自由，只是打着"自由"的幌子进行深层次的剥削。在他的作品中可以看到："国家和教会、法律和习俗现在是分裂开了；享受同分工分离了，手段同目的分离了，努力和奖励分离了。由于永远束缚在整体的一个小碎片上，人自身也就成为一个碎片了；当人永远只是倾听他所转动的车轮的单调声音，他就不能够发表自己存在的和谐，他并不在自己的天性上刻下人性的特征，而是仅仅成为自己的业务和自己的科学的一个刻印。"① 这是他对资本主义的深刻描述，同时也披露着资本主义社会人性的自私与阴暗。在现实生活中，很多人在物质利益的诱导下，丧失了自己的尊严，何谈对他人的尊重；自己的可怕欲望竟成为伤害他人的理由；由于看不到自身的优缺点，只是在别人身上找寻自己的影子；社会的交往不是扩大了个体的交际面，而是束缚了个体的自由个性。面对这样的现实状况，席勒找到了唯一的救赎，就是通过美育来挽救失落的灵魂，拯救资本主义社会的没落。他在《审美教育书简》中声言："这题目同时代需要的密切程度并不亚于同时代趣味的密切程度；人们在经验中要解决的政治问题必须假道美学问题，因为正是通过美人们才可以走向自由。"② 他主张美育是感性的人成为理性人的唯一途径。

席勒作为资本主义美育思想家的杰出代表，提出了美育关于情感教育的重要性，有现实意义及研究价值，但他的有些论点过于偏执，过分夸大了美育的作用。我们应该用马克思主义的分析方法，批判地看待美育的作用，既认识到美育通过情感教育、心理教育、社会学教育所达到的效果，也要充分认识到它在资产阶级改良运动

① 古典文艺理论译丛编辑委员会：《古典文艺理论译丛》（第 5 册），人民文学出版社 1963 年版，第 97 页。
② ［德］席勒：《审美教育书简》，冯至、范大灿译，上海人民出版社 2003 年版，第 18 页。

中作用的局限性。只有批判地对待该理论，才能帮助我们更深刻和完整地分析问题实质，达到预期目标。

马克思主义关于美育的思想是对先哲们的美育思想的总结与发展，虽然我们找不到马克思关于美育的专门著作，但在他浩瀚的思想中看到了美育思想的丰富内容，形成了关于美育的思想体系。在《1844年经济学哲学手稿》中，他提到人与动物的本质区别除了创造能力，还有人能够按照美的规律来改造世界，这就为我们揭示了美育在人的发展过程中的重要性。马克思认为，美育应该成为社会变革和历史进步的助推器，因为美育有着其他教育不具备的特性，但他并没有把美育作为改造社会的唯一途径。他不像席勒把一切希望寄托在美育身上，而是始终认为革命是实现伟大抱负、社会进步的根本途径，这是他与其他美育学家的不同之处。马克思一生致力于人的全面发展与自由解放，审美教育作为提升人的手段，是人的发展十分重要的方面。马克思奋斗的目标与价值指向永远是人，人本身的进步与发展。

三　审美与美育的关系

审美是人类特有的属性，具有意识性和对象性的特征。生活中有美的事物存在，就必然会有审美活动的存在。人类的审美意识是随着人类社会的发展而不断完善的，是人类基于对生命及生活经验的掌握，获得的身心愉悦、自由和谐的心理状态。"审美"源于希腊语"aesthetic"一词，原意指"通过感官对有趣对象的知觉"。德国哲学家鲍姆嘉通最早使用了这个词。而在中国，最早使用中文意义上"审美"的是王国维先生，此后的继承者才开始探讨有关"审美"的若干问题，先有蔡元培对审美观念的描述，再有梁启超对审美趣味的探究，以及朱光潜对审美心理的研究等。这些研究与经验探索揭示了审美的内涵和外延，是主体以感官方式对对象进行形象性、感染性、情感性的把握，是一种能被大众群体接受、愉悦身心的感情活动。审美是主体通过各种途径发现美、欣赏美的过程，并在这个过程中使主体身体得到放松、心灵得到净化、精神得到升华、素质得到提高，并间接促进人类社会的进步。

审美教育是审美活动的延伸，比审美更具目的性、系统性。美育是一种教育手段和方式，以培养人的审美情趣、塑造人的审美意识、增强人的审美能力及满足人的审美需求为目的，是人类不断自我完善、达到身心统一和谐、精神得到升华的重要手段。审美教育是一种自由开放式的教育，教育效果往往在潜移默化中体现。它是情感教育的先行者，体现着教育的人本主义色彩，对人的情感感染同时也间接地促使社会向着更加美好和谐完满的方向发展。

第二节　审美教育的本质及功能

一　美育的本质

美育的本质回答的是审美教育到底是一种什么样的教育，包括它的地位和作用是什么。关于美育的本质，有三种不同观点：第一种认为美育是德育、智育、体育三者的辅助，又称"从属论"；第二种叫作"形象教育论"，认为美育主要是外在形象教育；第三种认为美育即情感教育，遵从席勒的观点，又称"情感教育论"。我们依次探讨。

"从属论"的代表学者是苏联的奥夫相尼柯夫和拉祖母，他们合编了《简明美学辞典》，其中对"审美教育"的解释是："审美教育是劳动教育、思想教育、政治教育，特别是道德教育的一部分。"① 我国在早期也有不少学者持此观点，将美育的地位、作用包含在德育、智育、体育中，否定了它的独立性与特殊地位。

"形象教育论"的代表观点来自我国出版的《"美学原理"纲要》，由社科院文艺理论研究室编纂。其中讲到"美的观念是美感教育的基础"，而美的观念是"由于人们的形象思维活动的最初成果得到形象的观念，经过概括作用的集中化又成为特定的意象，再进而概括、提高成典型的意象"。在笔者看来，美的观念形成的源

---

① ［苏］奥夫相尼柯夫等：《简明美学辞典》，知识出版社1981年版，第189页。

头就是美的形象，也就是审美的客体。该观点将美育缩小为"艺术教育"，忽视了美育在整个社会生活中体现的特殊功能，认为美育是德育、智育、体育的辅助成分，将美育穿插在这些教育中，很难形成其独立的位置。笔者在后文中也谈到美育中的情感教育问题，但终究没有把此作为美育的本质。

"情感教育论"最具代表性的是我国学者蔡元培先生。蔡元培先生在《教育大辞书》中说："美育者，应用美学之理论于教育，以陶养感情为目的者也。"① 蔡先生在这里看到了情感教育的重要性，虽然从理论本身看尚不完整，但有很多可取之处。情感教育说涵盖了以上两种理论，将美育的目标定位于借助美的形象培养人的高尚情感，包括社会美、自然美、艺术美等多种美的形式，这就给美育设定了独立的地位。一是从主要手段和内容来看，美育以美的形象为主要手段，德育、智育、体育也可以美的形象为手段，却不是主要的，而是辅助手段。二是从根源上撇清美育与其他教育管辖的领域，美育专属于"情感教育"领域。正是有了美育在教育手段中的独立地位，我党也将"美育"与德育、智育、体育、劳育并列于学校教育方针中，成为"德、智、体、美、劳"五育。这样的指导思想，其正确性与科学性已被中华人民共和国成立以来的教育实践所证实，集中地反映了我国当前"两个文明"建设的迫切要求，成为塑造中华民族共同理想、实现全民族"中国梦"的有效途径。

二 美育的地位

美育作为审美情感教育，它在人类文化发展结构中究竟处于什么位置？这一问题的厘清，也使我们进一步深化了对美育本质的理解。美育是一种普遍而又具有特殊意义的教育手段，本文主要探讨美育在教育结构中的位置。现实生活中，有很多人对于审美和艺术价值的认识只是停留在很浅的意识层面，往往认为艺术是艺术家或是有艺术天赋的人的活动，与普通百姓无关，因而审美教育很难在

———————
① 《蔡元培全集》，中华书局1984年版，第508页。

现实生活中展开。他们也乐于阅读诗歌、小说，听音乐，欣赏美术作品，却又把这些审美活动排斥在教育范畴之外，仅作为闲时的消遣。但是美育在整个人类文化结构中的地位却不会因为个人的意志而改变，它是人类文化的重要组成部分，是文化传承的重要工具，它的特殊意义和作用与其他四育相互联系，共同促进教育事业的发展。

（一）美育与德育的关系

简而言之，美育是情感教育，德育是道德教育。人类自古以来较为重视道德教育，特别是中国古代，学校就是教授礼仪文化的场所。这是因为伦理纲常、道德规范是维系社会生活有序开展的价值尺度。如果道德伦理没有了，整个社会将会混沌不堪，人类文明也将化为乌有。人类文明的道德规范在不同时代、不同民族文化中的表现不同，但道德伦理的合规律性、共性是存在的。例如，乐于助人、勤劳勇敢、积极上进等，存在于几乎所有的时代、民族、阶级。于是，审美教育就理所应当地成了道德教育的辅助力量。但是实践中，审美教育显示出的独特的地位与作用也不可否认，因此美育与德育既相互区别又相互依存。

我们先来看美育与德育的不同侧重点。

我国古典文化以儒家文化为代表，儒家往往将审美作为伦理纲常实施的辅助手段，实际上是对美育地位的抹杀。紧接着儒家而生的是道家文化，道家已然将山水自然的审美世界作为自身寻找超越的境地，因而道家所宣扬的"道教"文化也是美育的一种表现形式，这成为中国文学对艺术审美性把握的源泉，即盛行于魏晋南北朝的老庄玄学。其实，道家对自然之美的追求并没有破坏儒家的伦理纲常，反而成为儒生入世无门后的逃避选择。再往后到五四运动，反对"以文载道"，成为近代以来学术界为审美争取独立地位的重要一章。顺而言之，就产生了中国现代意义上的审美思潮，代表学者有王国维、蔡元培等人。他们不再完全遵从儒家教义，而将美育与德育放在同等重要的位置加以施教。

王国维和蔡元培先生的美育思想，几乎都是康德审美思想的延续。他们也将美育划分到情感领域，遵循美育有益于德育的思想基本上没有大的变化。然而，在西方世界，艺术的独立性更加凸显，成为与政治、国家、阶级、道德毫无关系的一种理想追求。这一倾向性从象征主义开始就很明显，在极端的发展中反对道德主义一时极为盛行，特别是到 20 世纪，反道德成为现代艺术的一个重要特征。康德的"美是道德的象征"已不再占有核心地位，反而是他的"纯粹美"的形式主义更为后人推崇。与此共生的是"文人无行"，或者说是某种意义上的"故意"，王尔德、波德莱尔、马拉美、魏尔仑等，从唯美主义者到颓废诗人，他们不是有同性恋癖好，就是吸毒成瘾，展示着现代文化的病态表现。尽管社会生活离不开德育和美育，二者不可偏废，但纯粹的审美境界必定会呈现出反道德的倾向。现代西方世界对审美的极力推崇，与反道德主义的出现，也是密切相关的。

纯粹审美的非道德倾向，是否只有消极的意义呢？其实不然。我们往往只注意到道德世界善的一切事物，却容易忽视恶的事物同样会对现实世界产生意义。恩格斯当年批判费尔巴哈，正是因为费尔巴哈忽视了"恶"及其意义。当然，"恶"是一种否定性的力量，但它却与"善"的联系最为密切，它们往往此消彼长、此进彼退。现代主义思潮哲学的奠基人尼采，就公开反善倡恶。我国文学大师鲁迅也在其《摩罗诗人说》中提到"恶魔者，说真理也"，实际在赞赏恶中透露出的真实。也许是现实世界很多伪善者不敢或是不肯追求的真理，直到五四时期仍然在呼吁"真的恶声"（鲁迅《集外集·"音乐"》），同样是受到了西方审美观的影响。审美与道德相区别，还因为道德是一种恒常固定的价值标准，而审美则是活动异变的审视角度。反道德的纯粹艺术，其实质并非要推翻道德准则，而是给固定的准则以鲜活的动力，让道德在时代的变迁中不断更新，拥有更普遍的影响力。因此，就道德的发展意义看，审美的批判力量有其特殊的意义和价值。

再来看美育与德育相互依存的一面。

德育陶冶人的道德情操，伦理道德似乎比审美更具有实践性和功利性，而审美往往给人以纯粹精神追求的感受，因而二者相区别。我们将道德分为道德认识、道德情感、道德行为三个方面，虽然道德行为是实践的主体，但仍然需要道德情感的支撑，否则道德认识就毫无实践意义。而审美也有类似于道德实践的模式，审美的实践也是审美主体——人的审美情感作用于人的认识或是意识，进而完成审美意义上的实践活动。这样看来，德育和美育不是相互独立的，而是相互交织的。康德就有"美是道德的象征"的论断，美育和德育密不可分。我国古代往往将美育看作德育的辅助，特别是儒家学派。孔子虽然常谈及"游于艺，从心所欲不逾矩"是人生最高阶段，也在教育中讲"成于乐"，但他思想的本质还是将审美努力附和在伦理道德之后。在其发展过程中，也将"礼"的重要性置于"诗""乐"之上，才有了"文以载道""文以贯道"之说。

美育就是对人的情感教育，而这种教育集中于青年学生中。现代心理学表明，青年心理的发育呈现出两个阶段性的特征。一是十五六岁之前，以具体事物为主的形象思维占据青年心理的核心位置；二是十五六岁之后，形象思维逐渐转变为抽象思维，开始有了自我独立思考、独立判断的能力和意识，长期的受教育经历反而可能导致他们排斥理论教条的训诫。这时审美教育显然符合青年心智发展的需要，以形象生动的情感教育来感染青年，在潜移默化的引导中实现美育和德育的双重目标，往往收效更加显著。举一简单例子，我们从小就接受的爱国主义教育，属于德育的基本范畴，但现实教育中如果仅仅对被教育者施以认知教育和理论灌输，显然效果一般，要把枯燥的理论转化为爱国的热情和动力，最终付诸行为，就必须从感性和理性两个方面入手。因此，理论课堂的说教远不如让受教育者亲自感受祖国大好河山的恢宏气势、悠久文明的广博，更有说服力。纵观历史，古今中外一些伟大的文学作品，在陶冶情操的同时兼具德育的作用，海伦·凯勒的《假如给我三天光明》、尼古拉·奥斯特洛夫斯基的《钢铁是怎样炼成的》、艾夫·居里的《居里夫人传》、宗白华的《美学散步》等，都在审美的世界中彰显着人格至上的魅力。仅以我国的爱国主义教育而言，从屈原"虽

九死其犹未悔"的《离骚》，到鲁迅的"我以我血荐轩辕"，这些
文学作品的感染力恐非爱国主义理论所能及。诚然，中外史上的种
种优秀作品，都显示着艺术审美的巨大力量，但仍有少部分人抹杀
美育的独立性。中国传统经典儒家学派就只以美育为德育的辅助；
中世纪的西方也只拿艺术作为基督教教义宣传的手段。

　　再来谈谈美与善的关系。有人认为爱美自会向善，如秦牧在
《心灵美和风格美》一文中讲道："文学艺术的爱好者，那些爱美
的人，虽然可以属于各个阶级，可以有各种各样的立场，但是比较
那些和美的欣赏完全绝缘的人，相对来说，一般总是比较善良一
些，至少，什么碎尸案的主角，什么吃人肉的凶手……在受到强烈
的美育陶冶的人们当中，产生的比例总要少得多的吧。"① 这样的
看法有其合理性，但也未必全适用。二战时德军集中营中有很多看
守人员酷爱音乐，甚至将被关押者组成乐队，为他们演奏，但丝毫
没有改变他们残忍残杀大量犹太人的行为。我国历史上的暴君商纣
王，听信妖姬谗言，以杀人为乐，把对人的虐杀编排成歌舞，边欣
赏边饮酒作乐……由此可见，如果残害生命成为审美的乐趣，那么
艺术就十分可怕。这就是克尔凯格尔之所以要反对审美的生活方
式、罗素之所以反对尼采这个专制君主统治王国的原因。但是美与
善的结合一定要强调艺术家的个人修养及人格。儒家学派虽然没有
还美育一个独立的地位，但他们的思想教化中刻有很深的"律己"
"自律"印记。即便是后来的道家在尊崇艺术追求的同时，不忘教
诲人们要淡泊宁静、虚己观物，于是乎"文如其人"流传至今。不
仅限于文学创作，更延伸到艺术创作的各个方面，如诗词创作、画
卷创作、音乐创作等，"因人废言"的现象比比皆是。一个善良的
人不一定能写出好的作品，但一个丑恶的人必定写不出好的作品，
这正是将美与善过分联系的结果。

　　以上是美育与德育既相互区别又相互统一的例证。我们当前教
育中要把握美育与德育的关系，既不能以德育代替美育，忽视美育

————————

　　① 《秦牧全集》，广东教育出版社 2007 年版，第 236 页。

独立的地位及作用，又不能极端地走上反道德的纯粹审美之路。现阶段教育中并没有出现反道德的纯粹审美教育问题，但以美育作为德育的辅助手段却很普遍。我们并非反对德育过程中使用美育的手段，而是反对完全抹杀美育独立地位的做法，试想未来教育培养的对象如果单单是做到了循规蹈矩，却丧失了活力及创造力，也不能算教育的成功吧。

（二）美育与智育的关系

中国传统文化源远流长，对德育和美育的重视更是伦理化的中国人引以为豪的美谈，但西方的教育却是以追求科学真理的智育所著称，这一点也被现代中国的教育所借鉴。古代中国，不少人认为环境的影响对人的教育至关重要，即使你不识字、不懂学问，但只要你受到周围良善道德环境的熏陶，仍然可以做"好人"、做有用的人。正如孟母三迁带给我们的启示，德育可以通过学校之外的各种途径实施，家庭背景的熏陶、社会环境的影响、时代变迁的波动，都可以成为德育开展的渠道。美育往往也被看作学校教育之外的事，比如对山山水水的热爱、对诗词歌赋的欣赏，完全可以通过业余爱好的途径加以培养，这样一来，学校教育的主体就变成了智育。尤其是在科学技术迅猛发展的现代社会，竞争如此激烈，而竞争的核心就是科技创新的竞争，智育不但成了学校教育的重中之重，还成了现代人才的衡量标准。"学好数、理、化，走遍天下都不怕"，真切地反映了现代教育对智育的重视。正因如此，传统教育的"善""美"似乎也成为"真"的附属品。实际上，人们忽视了德育、美育对智育的促进，以及美育对智力的开发、德育对智育的价值指向所具有的作用和意义。

我们先来看美育与智育不同的侧重点。

先从我国传统教育来看，儒家文化一方面宣扬美育与德育的合二为一，另一方面又一再训诫防止"纯粹美育"对德育的破坏。嵇康曾在其《声无哀乐论》中提到"妙音感人，尤美色惑志"，可见学者对美育持有很大的怀疑态度，更是害怕美育会破坏已有的道德基础，毁坏伦理的上层建筑。儒家担心美育对道德的负面影响，实际也涉及了对智育妨害的担忧。道家更是如此，由于纯美的追求，甚至抛弃了一切智育。儒家在后来的发展中虽有过以审美为人生最高境界的追求，但终究是以德育为核心。道家庄学几乎到了纯美育的精神境界，因而他们都是反智育的。这与西方教育截然不同，古希腊时期西方文明就以智育为中心，哲学即是"爱智慧"的学说，德育和美育均从属于智育。到了现代泛智育主义遇到了不小的挑战，先是理性的上帝观念动摇后，康德开始宣扬德育，再是尼采高呼"上帝死了"之后，现代人学思潮对审美人生观的大力推崇。

从理论层面看，美育和智育的区别主要表现在培养人才的角度不同。美育注重整体性、完满性的人格塑造，致力于打造崇高的人格修养、积极乐观的生活态度；智育则有很明显的学科分类，致力于培养数学、物理、化学、生物、光学等不同类别的人才。于是，根据社会发展的需要，各大类的学科又被精细化，衍生出多种门类的小学科，如化学就被分为应用化学和化学理论、有机化学和无机化学……追求科学之真无可厚非，但片面化的追求可能会导致席勒描述的"将完满的人撕成碎片"。可见，美育在一定程度上的反科学性也不尽然消极，在知识科技时代，反而会成为人实现自我、全面发展的途径。

再来看美育和智育相互依存的一面。

首先，审美作为人的一项基本能力包含于智能范畴，而且美育对人的智力发展有很大的影响。人的智能包括知、能、识三个方面，所谓"知"，就是知识量的储备；所谓"能"，就是一个人的技能，包括动作技能和心智技能，动作技能顾名思义是操作具体事物的能力，心智技能则是感觉、记忆、想象、创造等思维技能；所谓"识"，俗话又叫见识，具有很强的社会实践性，指在社会活动中人的预见性、计划性水平。"知"是基础，"能"是关键，"识"是结果，"识"又是在"知"与"能"的基础上形成的较高层次的智能水平。所以现代社会往往很看重一个人的能力。只有有了能力，才可以把储备的知识转变为促进社会发展的见识，才能进行创新、创造更完善的社会。我们在教育中不再提倡"两耳不闻窗外

事，一心只读圣贤书"，知识要和实践接轨；也不赞赏"学富五
车"，却思想僵化、教条愚钝的人，因为他们缺乏能力，只能被讥
讽为"两脚书柜"。两种能力又以心智技能为核心，包括人的形象
思维和抽象思维，形象思维直观、敏锐，在思维中占据重要位置，
通过形象思维，人们可以创造出新的事物服务于人类社会的发展。
这就是为何西方现代教育强调培养直觉力。

　　人的直觉力最广泛的表现往往呈现在艺术作品和艺术创作过程
中，想象力作为人的审美能力，不仅仅是艺术创作与欣赏中不可缺
少的能力，也是人的智能研究中一个重要因素。它在科学研究中的
作用是模拟直观形象，类比相关形象，发散人的思维，促进人的智
力发展。因此，美育就有了培养人的形象思维、创造力、开发人工
智能的巨大作用。列宁曾经说："有人认为，只有诗人才需要幻想，
这是没有理由的，这是愚蠢的偏见！甚至在数学上也是需要幻想
的，甚至没有它就不可能发明微积分。"① 在最初的智力开发中，
即便是最简单概念的推理也含有幻想的成分。高尔基也认为，"想
象和推测可以补充事实的链条中不足的和还没有发现的环节，使科
学家得以创造出能或多或少地正确而又成功地引导理性的探索的各
种'假说'和理论"②。借助想象力，我们才敢于推测，而这样的
推测才为证实建立了前提条件，人的思维常常是借助"假设"的跳
板，跃向崭新的空间。再如迄今为止人类对宇宙奥妙的探索，特别
是对未知星体的发现，几乎全部是科学家偶然的想象和探索的兴
致，才被一一命名。1959 年，坦桑尼亚发现猿人颅骨和几枚牙齿
的化石，借助科学家的想象力，最终复原了古猿人的外表形态。最
著名的莫过于气象学家魏格纳在病床上提出了"大陆漂移说"。他
住院期间不经意地发现了大西洋两边海岸线相似的秘密，于是想象
出大陆漂移的模型，提出了该理论。再有牛顿凭借苹果落地发现了
"万有引力定律"……如果不重视想象力、创造力的培养，只是一

---

① 《列宁全集》（第 33 卷），人民出版社 1957 年版，第 282 页。
② 高尔基：《论文学》，人民文学出版社 1978 年版，第 158 页。

味地传授循规蹈矩的规矩，没有创新的知识，很可能像爱迪生那样脑袋灵活的"捣蛋鬼"就会永远被埋没在茫茫人海里。可现实是，被埋没的人才不计其数，很多学者曾反思我国的国民教育就有这样的一些弊端。当前我国的科技水平在某些领域已处于世界领先位置，加快知识经济时代优秀人才的培养，塑造开拓性人才，更是离不开美育对人才智力的培养。

一个缺乏美育素养的人，不仅会导致其外在技能的匮乏，也会影响他在其他知识领域的发展。虽然我们并不完全赞同克罗齐"语言即美"的命题，但美育在各学科中的重要性却是显而易见的。文学与语言学的关系最为密切，我们的教育从婴儿牙牙学语开始都以文学故事为基本途径，没有经过文学教育，恐怕连语言表达都成问题。音乐与数学的关系更是微妙，音乐创作中的节拍、音符、音调均以数字标识，毕达格拉斯的追随者最先把音乐和数学结合起来，他们发现拨动一根弦发出的音与弦的长度密切相关。美术与物理、化学、数学、建筑学等多学科的关系更是密不可分，缺乏美术教育的人很难在这些学科中有所建树。据调查，很多大学开设的理科学科重新教授学生制图，原因就是绝大多数学生在基础教育阶段缺乏美术教育，而一名不懂建筑艺术的学生如何在未来成为出色的建筑师呢？

其次，美育能够扩大学生的知识面，拓宽认识世界的视野。孔子曾语："《诗》可以兴，可以观，可以群，可以怨。迩之事父，远之事君，多识于鸟兽草木之名。"（《论语·阳货第十七》）我们也可以从三个方面谈谈美育对智育的作用。第一，从最浅层次的意义上说，美育能够激发人们对自然科学的求知欲。鲁迅曾有过对"看电影"的一段描述，大致是讲一些记录题材的电影可以给人增长很多知识，比如关于南北极和非洲大陆的影片，就能给没有去过那儿或者不可能去那儿的人以直观感受，比起课堂上老师抽象地讲授更易使学生接受。再就是现在青年学生很喜欢的科幻小说及电影，都可以充分培养他们的想象力。鲁迅在日本留学时就提出利用科学小说普及科学知识的观点，甚至认为"导中国人群以进行，必自科学小说始"。科学小说比沉闷的理论学说更富有艺术性和文学性，更能吸引读者眼球，引人入胜，催人深省。鲁迅言："盖胪陈科学，常人厌之，阅不终篇，辄欲睡去，强人所难，势必然矣。惟假小说之能力，被优孟之衣冠，则虽析理谭玄，亦能浸淫脑筋，而不生厌倦。"美育渗透在智育的方方面面，有其优于其他学科的特点，是我们应该把握的重点。

第二，从较深层意义上讲，美育还可以帮助学生了解更多的社会文化知识。艺术源于现实生活，是对现实生活的再现，特别是偏重社会现实的现实主义小说，几乎是对生活的演绎和勾勒。恩格斯曾对巴尔扎克的作品给予了很高的赞誉："他汇集了法国社会的全部历史。我从这里，甚至在经济细节方面（如革命以后动产和不动产的中心分配）所学到的东西，也要比当时所有职业的历史学家、经济学家和统计学家那里学到的全部东西还要多。"① 与其相似，马克思也这样评价过狄更斯的作品。列宁则认为托尔斯泰是照亮俄国社会和革命的灯光……在我国，这样的评价更为丰富，比如《红楼梦》是中国封建社会的"百科全书"；《子夜》是中国两半社会的一面镜子；《红岩》是人民解放军奋勇抗敌的胜利进军和反动派垂死挣扎的真实写照……当然，以此就将艺术的本质看作认知和求知的唯一途径是不对的，但艺术作品的现实意义和社会功能却不容忽视。即便是带有讽刺意义或个人偏见的作品，也可以透露出隐藏在时代更深层次的变迁和价值。

第三，从最深层意义看美育，能培育人的直觉能力。人们常常以理性的逻辑分析法来研究认识主体，但从尼采高呼"上帝死了"之后，这种方法就逐渐被直觉的方法所代替。我们并不否认逻辑分析法的重大作用，特别是对于客观法则的认知，但仅仅局限于这种方法就过于偏执了。弗洛伊德的心理学研究显示：人的意识结构由三部分组成，好似山峰，峰顶部分相当于人的意识，占很小比例；而山体大部分是潜意识或无意识，掩藏在山峰之下，却具有很大的

---

① 《马克思恩格斯选集》（第4卷），人民出版社1972年版，第463页。

能量，不能靠理性完全认识，只是在现实中隐现。伯格森也认为，理性的逻辑分析法不能完全正确地领悟主体生命，而直觉的感悟更为直接、合理。当然，极端地走向非理性主义，我们也是不赞同的，而依靠美育培养人的直觉力，加深对主体的认识则是可行的。

美育的另一个功能——调节人脑机能，也是它与智育相辅相成、互相促进的一大表现。现代神经心理学家斯伯里对大脑的功能进行了分区研究，他认为大脑分为左右两个半球，左半球负责人的语言功能、逻辑思维、数学思维等；右半球则掌管人的图像、音乐及非语言信息的艺术思维。大脑皮层往往处于两种状态，一是兴奋，二是抑制，长期兴奋之后就会转向抑制，工作效率就会下降。如果在长期使用左半球思维、推理之后，能让右半球主动工作，比如听听音乐、欣赏表演、读读小说，以此来转换兴奋中心，使左半球达到抑制状态，就能客观上促使左半球休息，以便更好地工作。保加利亚心理学家洛柴诺夫研究发现，欣赏优美的音乐之后，左半球再次投入工作时，人的记忆力是平常的 2.17—2.5 倍。历史上有众多科学家有这样的经历。爱因斯坦创立相对论的过程中，常常用小提琴演奏莫扎特的乐曲，演奏过程中有时突然茅塞顿开，就立刻投入紧张的科学研究中，工作之余还经常放开喉咙纵情歌唱贝多芬的钢琴曲，以缓解大脑疲劳。达尔文说："如果我能够再活一辈子的话，我一定给自己规定读诗歌作品，每周至少听一次音乐。要是这样，我脑中那些现在已经衰弱了的部分就可以保持它们的生命力。失去这些爱好，无疑就会失去一部分幸福，也许还会影响智力，更确切些说，会影响精神性格，因为它削弱了我们天生的感情。"现实教育中，也有这样的实例，一些既能努力学习又喜欢参加各类社团活动的学生，往往比那些"一心只读圣贤书"的学生更优秀，学得更轻松。

在美育和智育的关系上，我们仍然要坚持对立统一的观点。忽视了美育和智育的不同侧重点，就可能看不到美育对于塑造一个富有生气、活力的完满人才的独立地位，也可能陷入纯智育的偏执境地；而忽视了美育和智育的统一，就看不到美育对人的智力的开发作用，以及对大脑疲劳及兴奋的调节作用，也分不清智育中其实包含很多美育的因素。现阶段我们的教育工作中存在的问题仍然是后者，无论学校教育还是家庭教育，甚至社会认可的还是智育的成绩，美育要么以选修课身份出现，要么就完全被忽视掉，导致的结果可想而知，学生丧失了活力、能动性和创造性，即使学贯中西，又有何用？

（三）美育与体育的关系

美育与体育的关系和以上两种关系有所不同，智育、美育、德育均属于王国维定义的"心育"，即人们内心知、情、意的教育，但是与体育相比较，就存在一定的难度。不过美育和体育的关系却比体育与德育、智育更为密切一些，德育和体育基本上没有太多联系，一个人德行的善恶和体格的强弱也没有必然联系，只是身体好的人，如果德行也好就可以更多地做善事，回报社会。智育和体育的关系比德育更密切一些，人的体质好坏直接影响智育的效果，所以有"身体好是本钱"的说法，但也存在"头脑简单、四肢发达"的反例。这在野蛮时代表现得更为突出。但过盛的文明也有可能导致体质积弱，我国古代就常常把"文"和"弱"联系在一起，最明显的要数《红楼梦》中的描述：红楼中的才子佳人们几乎个个都很纤弱，吃药、吐血成了他们的家常便饭，这样的情景还成了流行风气，"在微风中咳嗽，吐半口血，还要欣赏秋海棠"，成了很美的一幅场景。类比中国，其实基督教文明中也存在这样的情况。尼采有过一段精彩描述："从前灵魂轻蔑肉体，这种轻蔑在当时被认为是最高尚的事：灵魂要肉体丑瘦而饥饿。"① 这和红楼真有异曲同工之效。

如此分析，美育就和体育的关系密切得多了，美育的核心是"美"，体育的核心是"健"，而"健美"一词就充分地说明了二者的密切关系。现代人的审美观是建立在"健康"之上的"美丽"，

---

① ［德］尼采：《查拉斯图拉如是说》，尹溟译，文化艺术出版社1987年版，第7页。

所以在我国流行起了"健美操"运动。目前又刮起了"广场舞"之风，身体好成了美丽的外在表现。我们从体育科学的角度来看，一切的体育运动项目都是按照美的规律来设计的。比如，体操、跳水、蹦床等项目尽显运动员柔美的身体、动作的协调；举重展现运动员的壮美；田径展现速度之美；球类展现技艺和造型之美……现代运动趋势的发展也给我们深刻的启示。拿奥运会项目的设置来说，体操不仅包括平衡木、鞍马、单双杠、吊环，还加入了艺术体操，让体育与音乐表演相融合；游泳不仅包括200米、400米、接力泳等项目，还加入了花样游泳，让美术在水中绽放。与其说这些项目是体育运动，不如说它们更像是艺术表演。体育和美育的结合，将美妙的欣赏和友谊带给世界各国人民，体育无国界，美育亦无国界。

再从理论上看美育和体育的关系。人的思维总是从感性思维向着抽象思维和逻辑思维发展，但由于审美的对象往往是具体、生动的存在物，就可能与抽象的思维产生矛盾。相反体育正好能满足审美的对象要求，沉浸着感性的因素。古希腊是现代体育运动的发祥地，其体育的发达与神话中酒神俄尼索斯感性沉醉的追求密切相关，我们不难发现美学家也都会强调美育和体育的联系。车尔尼雪夫斯基曾说："健康在人的心目中永远不会失去它的价值，因为如果不健康，就是大富大贵、穷奢极侈，也生活得不好受。"[①] 他提出的"美即生活"，就是将美与现实生活紧密相连，与生生不息的人相连。除此之外，体育运动中包含着一个人的精气神，使得人体之美升华为精神之美；竞技中的公开、平等、和睦又显示着一个人高尚的品德和德行，在美中展现着善。所以结合体育运动的艺术作品更能激起人们对美的欣赏。譬如，古希腊米隆的雕塑作品《掷铁饼者》，至今感染着众多美的欣赏者们，这也是上文讲到的健与美相结合的杰出代表。在众多体育运动从事者的日常训练中，也将美

---

① ［俄］车尔尼雪夫斯基：《艺术与现实的审美关系》，人民文学出版社第1979年版，第7—8页。

育贯彻得十分具体，许多运动员有在大赛开始前听听音乐舒缓情绪的习惯，还有些运动员喜欢美术，在画中放松自己。我国著名体操运动员李宁就有这样的喜好，他说："竹子的素质好，不畏严寒，坚韧挺拔，它给我带来精神上的鼓舞。"

三 美育的功能

美育鲜明直观的特点往往能感染受众，人们追求美的事物也是天性所至，在愉悦的精神享受中，美育潜移默化地发挥着自己独有的作用，是我们目前教育所要汲取和认可的。

（一）陶冶情感的功能

美育作为情感教育的主要手段，能以美好的事物丰富人的感情，感染人的心境，使身心得到自由、完满的发展。"情"作为人最基本的特征，具有普遍性和广泛性，所谓"七情六欲"，即是人皆有之、不可避免的。这种情感也是把双刃剑，既不能任其发展，也不能完全毁灭，而应引导、规范、丰富它向正确、合理的方向发展。美育的职能之一就是要通过美的事物、形式陶冶人的情感，使感情得以升华，成为一种审美情感，这样人的内心外化成行动就有益于整个社会的发展。所谓"情感"，是主体在生活实践中对待外界事物以及外物与自身关系的态度、体验、评价等心理现象。情感体验往往呈现两种形态，一是肯定性的，是主体所持的积极、趋向性的态度；另一种是否定性的，即主体消极、逃避性的态度。所谓"审美情感"，则是主体在对待特定的审美对象时超越了世俗的观念，而产生的一种高层次、精神性的情感体验。在这样的审美体验实践过程中，人们不断积累经验，一方面使自身的审美修养不断提升，形成独有的审美理论；另一方面，人类的实践活动也在审美理论的指导下不断提高。有意识的审美训练，促使主体各种审美器官的成长，获得各种不同的审美能力。比如，音乐培养了我们审识乐律的耳朵，画卷培养了我们辨识绘图的眼睛。人进入审美状态后，就会产生一种奇妙的感情，既有感性的冲动，又有理性的认知，二者相互交织、相互消融。感性的形式中沉淀着理性的内容，理性的认知中透露着感性的情感，感性与理性不再相互对立，而是处于一种自由、和谐的高级层次中。所以王国维说，"美育即情育"，旨在调和情感、升华情感。美育培养了人们感受美、鉴赏美、创造美的能力，同时也净化内心，陶冶情操。

（二）开发创造力之功能

美育之所以不同于其他三育，就在于它的精神性特质，在育人的同时带来无比愉悦的精神享受，在享受的过程中开发更多的潜质。美的事物内含真和善的内容、和谐的外在形式，这是思维灵感开发的最佳外部环境，特别有助于开发人的想象力。有人把生活工作比作艺术创作，其实所有人努力的终极目标都是拥有一个美好的人生，这样的"美好"就是感受美、发现美、表现美、再创造美的过程。艺术作为审美的重要手段，它呈现在大众面前的是一种特殊的符号，要获得相应的精神体验，就必须有相应的解读这种符号的能力，把抽象的符号转换成感官世界的"形象"，使其大众化。因此，经过长期艺术熏陶的人就会比其他人更细腻、敏锐，想象力更加丰富，而这也恰好是人类创新的灵魂。事实也证明，众多科学家有不同的艺术爱好，并且对艺术层面的鉴赏有很高的洞察力和表现力。爱因斯坦的小提琴、普朗克的钢琴合奏，外加哈恩的伴唱；伽利略除伟大的天文研究外，还进行诗歌创作；钱学森反复强调艺术教育的功能，并且研究了思维与艺术教育的关系，将科学引入美学；李岚清同志曾讲到艺术不仅能陶冶情操，增强审美能力，而且能促进创造力的开发。我们也在日常生活中看到了无数的例证，普遍从小聪慧的学生，都有着丰富的艺术爱好，艺术让他们对整个未知世界充满好奇，也充满探索的热情和欲望。

（三）乐中寓教之功能

审美的特性就是精神愉悦，给人们的精神世界增添无限乐趣。作为人们赏析世间万物的审美，虽在理论意义上不应该充当"传道"的工具，却与"传道"相互影响、相互促进。"乐中寓教"就是将教化的内容用"乐"的形式、"乐"的体验传播开来，成为一种潜移默化的影响。用审美传递"教"的内容，主要表现在以下几个方面。

第一，以美启真。美育能开发人的智慧，上文已提到多个例证，法国作家雨果就曾讲：开启人类智慧的钥匙有三把：数学、文学、音乐，其中文学和音乐都属于审美的范畴，足见以美启真的深刻意义。即使真的东西不尽全是美的，但美的东西却或多或少含有真的内容。因为审美的对象自身不仅具有美的价值，更有认识的价值。拿众多艺术作品来讲，除了艺术欣赏外，还隐藏着作者本人的经历、背景、故事，以及创作这个作品的时代意义和背景，更成为文科学者研究的背景资料。古人常说"读万卷书，行万里路"，可见读书的重要性。一部优秀的文学作品可能成为一个时代的代表，如曹雪芹的《红楼梦》就被誉为封建社会的"百科全书"。它涉及了整个封建社会生活的方方面面，政治、经济、历史、文化、教育、伦理纲常、婚姻、民俗、家族史等，几尽所有。它刻画了无数的形象，囊括了现实社会中从上层到中层，再到底层人群的生活，因此它在展现艺术魅力的同时，昭示着历史的呼声。我们习读一部作品，犹如感受一部历史，如获生活中的真谛。因此审美教育启真益智的作用，是明显和深刻的。

第二，以美辅德。美育"教"的内容就是通过鉴赏美的事物净化人的内心，身心合一、自然和谐。人们常把真、善、美放在一起探讨，因为三者之间不可分割的关系，自然美中包含着善的内容。鲁迅说："美术可以辅翼道德。美术之目的，虽与道德不尽符，然其力足以深邃人的性情，崇高人之好尚，亦可辅道德以为治。"其实，不光是美术，所有具有美的事物都发挥着"辅德"的作用。道德是为了协调社会中一切人与人之间关系的准则及规范，社会成员一起制定并共同遵守，是一只看不见的手，因此它成为判断群体理性行为的标准，也是全体成员默契的善恶标准。美往往激起人们感性的情感体验，将善的内容引向人的活动，如果人们能够在精神愉悦的享受中得到善的教化，则是受益终身，比起单调地说教更能引起共鸣。小说《钢铁是怎样炼成的》着力打造了英雄保尔·柯察金，无论是年青的一代，还是老一辈无产阶级革命人，都深受他的鼓舞。据说一个学生成绩不好，终日游手好闲，喜欢偷鸡摸狗，偶尔一日没有逃课去学校上了堂语文课，正巧老师推荐了这本书给大家，他也读了一章，觉得有趣就一口气读完了整本书，才猛然觉得自己以前的行为多么可耻，发誓要好好学习、报效祖国。类似的例子数不胜数，文学作品如此，其他美的形式也发挥着重要的"辅德"作用。通过参观革命圣地、英雄人物故居、纪念碑、博物馆可以进行爱国主义教育，只有这种身临其境的感受才能潜入人的内心深处，而这种影响是至深的。审美教育虽是"他律"，却能起到"自律"的效果。古人讲："知之者不如好之者，好之者不如乐之者。"如果达到了自律，才达到了教育的终极目标。苏联教育学家苏霍姆林斯基说："美是人的道德财富的源泉。"可见，美育在引导人们向善上发挥着不可替代的作用。

第三，以美健体。人之根本是身体健康、体魄强健，因此"体育"为其他三育的实施打下了坚实的基础。身体是一切的本钱，所以遐迩闻名的古希腊人很早就将体育运动推广开来，而这其中展现体美结合的作品也比比皆是。著名的雕塑《掷铁饼者》就展现着美与力量的结合。艾拉斯山崖上刻着名言："如果你想健美，跑步吧"，至今鼓励人们加强锻炼，拥有美丽的体魄。我们也常用美丽来形容人的外貌，但无论是哪一个种族的人群，他们对外貌美的判断标准首先就是健康，如何健康，体育运动则是首选途径。欣赏美的事物，愉悦了身心，自然远离抑郁的疾病，几乎所有的运动员有着自己不同的审美爱好。我国著名的体操运动员李宁喜欢画画，田亮则喜欢音乐，曾在奥运会即将开赛的前几分钟，他仍戴着耳机聆听美妙的乐曲来镇静身心。现代医学也进行了临床研究：欢愉的情绪下，血液中会分泌一种化学物质，这种物质能调节神经细胞的紧张程度，从而使脉搏血压下降。音乐与舞蹈的结合能锻炼身体，愉悦心情，也是得到了多数人的认可，因此美育能够健体。

以上三种功能均是审美教育的重要内容，艺术的魅力贯穿在我们生活的方方面面。人们在这种潜移默化的熏陶中调节身心，修养性情，进而影响周围的人和事，促进整个社会的和谐发展，即是我们追求的完满结果。

第二章　审美教育的历史发展

第一节　美育的意识起源

一　人类审美意识的发生

辩证法关于普遍联系的学说告诉我们，人类的起源开启了世界崭新的一幕。人的审美意识，与人类的起源是同步的，或是可以追溯到动物的起源。人类审美意识的发生恰恰源于动物性快感的体验，是动物性快感的发展、升华，因此我们从这一点入手探寻人类审美意识的起源。

（一）从动物性快感到人类的美感体验

在人类产生之前，自然界主宰着整个世界，无所谓美、丑、善、恶，人类以外的其他生物既不能主动创造美，也不能欣赏自然之美，因此"美"这个概念的出现源于人类的出现，甚至可以看作人类区别于动物的另一大特征。虽如此，人类无论有多少无穷尽的智慧和超于外物的精神享受，都离不开他的动物本性，因此我们在研究人类问题时，不能完全忽视其动物性，就像审美意识的起源，也离不开动物性，并且是从动物性快感中衍生出来的。动物性快感往往表现在"食"和"性"两个方面。"食"延续人的生命活动，"性"延续群体的繁衍活动，但动物性快感又会在得到满足的情况下转换。比如，人们在"吃饱"的前提下提出了"吃好"，要求色、香、味俱全，在感官满足的情况下，又提出营养的均衡化要求。再如，人类最初的异性结合是为了繁衍后代，慢慢地在异性的交往过程中除了适婚，还有年龄、身体、相貌等方面的选择，人对不同"美色"的欲求恰恰符合了繁殖合理化的需求。随着生产实践的进一步发展，这些动物性本能渐渐升级为精神享受，开始带有某些"美"的色彩。进化论的创始人达尔文就曾经讲过，动物在进化成人之前就有了对美的向往与欣赏，特别是表现在动物性择偶活动中。由此可见，人类最初的美感或是审美欲求都是从动物性快感及体验上不断深化发展出来的，审美意识由此产生。

（二）从内容的占有到形式的玩味

无论是中国出土的古代文物还是西方世界的各种雕塑作品，都很难看出是为纯粹审美而创造的，但却多多少少带有审美的目的，并暗含着当时社会生活的状况。以西安半坡出土的陶器为例，仅陶器的样式就达 20 多种类型、40 多种样式，可见当时对器皿的分工已经开始走向精细化，也可以想象人们已经开始从"吃饱"走向"吃好""吃美"，开始注意欣赏雕刻在器皿上的图案之美。从刻在器皿上的图案可知，人们最初的视觉审美源于对味觉的回味，无非是想把饮用食物时的美好感觉记录下来。在这一过程中，人们渐渐远离味觉、视觉，有了形式美的理解和向往。人类早期的文饰作品基于对对象的临摹，从内容的占有逐渐转向了对形式的玩味，人类的审美倾向也开始从形象转变为抽象，这是历史的进步，更是审美意识的推进。著名学者李泽厚先生借用考古学中的图像分析法做了相关描述。远古时期的人们先有果腹行为，进而将这些快感印刻在使用的工具上慰藉自己，慢慢地，这种功利想法变成装饰需求，装饰进而简化成抽象的图案便于雕刻。这是一个缓慢发展的过程，却昭示着人类审美意识的发展历程。这种在主体方面超出自身，在客体方面超出对象的审美活动，以"情感"来把握"形式"，正是动物性快感与人类审美意识的不同。

（三）从感官的愉悦到精神的追求

如果说感官的愉悦是纯个人的行为，那么精神的追求就带有了社会生活的色彩。人类的审美活动已从单纯的生理活动上升到复杂的社会活动，但生物性快感仍然是社会活动产生的基础。在生产力极其低下的远古社会，审美活动只能作为某些阶级独有的享受，而这些特殊群体只是把审美作为政治、伦理的附属。柏拉图有过对审美途径发展的描述：第一步只爱某一单个的形体美—第二步发现这一形体美与其他形体美的共同之处—第三步外在的形体美上升到心灵的内在美，最终达到理念世界的美，可见审美已从外在的感官逐步升级为内在的精神追求。中国古代同样如此，古时候的审美意象多为神神鬼鬼的形象，一者是对自然的敬畏，二者是对自然科学的愚昧无知，这其中既有宗教色彩的崇拜，又有经验的血缘成分，但不难发现，中国的审美对象其实是对"神"和"祖"合二为一的精神寄托。只有到了近代以后，随着生产力及社会各种力量的发展，西方人的审美意识才从宗教信仰中解脱出来，而中国人的审美意识则从伦理纲常中解放出来，开始各自独立的精神追求。

二　人类审美教育的起源

　　人类的审美意识随着人类的诞生不断发生发展，审美活动也在其中不断丰富，随着劳动实践的进行，人类需要把前代人积累的经验传授给后人，以此延续复杂的生产劳动，教育活动应运而生。席勒说过："有促进健康的教育，有促进认识的教育，有促进道德的教育，还有促进鉴赏力和美的教育。这最后一种教育的目的在于：培养我们感性和精神力量的整体达到尽可能的和谐。"① 审美教育的起源同人类历史的起源一样悠长久远，原始社会的巫术也被看作美育的一种手段，这是美育的最早来源。之后无论是我国古代社会的"六艺"教育，还是西方古文明中的缪斯教育，往往以各种艺术训练为主要内容，明显地含有美育的成分，足见审美教育的起源之早。当时的美育虽然没有系统化，却是美育历史最早的雏形。审美教育也源于人类的生产实践活动，并高于一般性的物质生产活动，是对人类精神世界的灵魂教育。

――――――――――――

① ［德］席勒：《审美教育书简》，冯至、范大灿译，上海人民出版社 2003 年版，第 115 页。

第二节　美育思想在中西方的发展

一　美育在中国的发展

中国传统文化中虽没有现代意义的审美概念，却自始至终贯穿着审美思想，即儒家文化中"礼乐"的"乐"。"乐"即"审美"，也是文人墨客追寻的修身之法。《论语》中写道："兴于诗，立于礼，成于乐"（《论语·泰伯》），"乐"一直是儒家文化中很高的一种追求，甚至可以与政治、伦理齐名。治学强调"礼、乐、射、御、书、数"，可见"乐"是仅次于"礼"的。"乐"的重要作用不但表现在辅助治理国家方面，更多的是陶冶人的情操和性情，从精神层面入手，就是一种更高的境界。儒家典籍中有《礼记》和《乐记》两则，《乐记》专门讲述以乐为代表的审美观念，其中讲到了"乐"的调和功能，是不同于"礼、政、刑"的规则。如果说"礼、政、刑"是他律，那么"乐"就是自律。我国著名学者杜国庠曾说："过于森严的等级反而易于使社会内部的人产生离心力，于是乐就承担了调和不同等级与身份的人与人之间感情的任务。"① 这就说明了审美的一个重要特征：使人精神愉悦。这一特征具有其他感性教育不具备的高层次精神作用。我国传统文化中的审美思想可谓源远流长，唯一的遗憾是把这一思想阐发成为理论却是近代才有的事。

中国的美育思想源于先秦，但有现代意义的发展还得从近代西学东渐说起，因而中国的美育思潮应该追溯到 20 世纪初，代表人物有王国维、蔡元培。他们普遍采用西方哲学的"心理三分法"，建立起以智、情、意为核心内容的智育、美育及德育，加之后来的体育一并成为教育的四大方面。除了对西方思想的吸收，二人也从中国传统文化出发，对西方美育观进行了本土化的改造，最终将现代意义的美育纳入中国教育体系。学者们对美育性质及功能的定义

① 袁济喜：《古代文论的人文追寻》，中华书局 2002 年版，第 34 页。

重在"无利害关系"方面。王国维认为,"盖人心之动,无不束缚于一己之利害,独美之为物,使人忘一己之利害,而入高尚纯粹之域。此最纯粹之快乐也"①。可见,他们看重的是美育不计较个人利害得失而拥有的至尚情感。蔡元培也提出:"纯粹之美育,所以陶养吾人之感情,使有高尚纯洁之习惯,而使人我之见、利己损人之思念,以渐消沮者也。盖以美为普遍性,决无人我差别之见能参入其中。"② 于是,美育成为了驱除杂念、忘掉私欲、促进和谐的"法宝"。可知我们解决感性和理性、个人和社会矛盾的方法仍然是政治化的,个人无条件地服从社会和伦理纲常。

不难发现"审美无利害性"源于西方伦理学,夏夫兹博里的论述将此命题引入美学领域,主要探讨一种知觉方式。到了康德,这一命题开始被用作区分审美和伦理,并直接指向人。再到传入中国,显然受到当时传统化美学的同化,"无利害性"已经成为审美活动的状态。在我们的潜在逻辑里,审美的知觉方式"无利害性",那么审美的活动及审美情感的体验也就不带有利害性,长此以往,人自然会清新脱俗。这个命题在我国还延伸出"审美无用性"的意义。朱光潜把他翻译为"无所为而为",将传统文化同西方理论结合在一起。王国维更提出了用美育来塑造"纯粹无欲之我""一人如此,则优入圣域;社会如此,则成华胥之国"③,要用美育培养道德完满之人,维护社会安定有序。蔡元培更明确地说:"既有普遍性以打破人我之见,有超脱性以透出利害的关系;所以当着重要关头,有'富贵不能淫、贫贱不能移、威武不能屈'的气概;其至有'杀身以成仁'而不'求生以害仁'的勇敢;这是完全不由于知识的计较,而是由于感情的陶养,就是不源于智育,而源于美育。"④ 朱光潜也讲得很明白,社会之乱源于人心不纯净,只有审美才能根治这种病。"现世只是一个密密无缝的利害网,一

---

① 王国维:《论教育之宗旨》,人民教育出版社 1961 年版,第 135 页。
② 《蔡元培美学文选》,北京大学出版社 1983 年版,第 71 页。
③ 《王国维文集》(第 3 卷),线装书局 2009 年版,第 157—158 页。
④ 高平叔:《蔡元培美育论集》,湖南教育出版社 1987 年版,第 267 页。

般人不能跳脱这个圈套，所以转来转去，仍是被利害两个大字系住。在利害关系方面，人已最不容易协调，人人都把自己放在首位，欺诈、凌虐、劫夺种种罪孽都植根于此。美感的世界纯粹是意象的世界，超乎利害关系而独立。在创造或是欣赏艺术时，人都是从有利害关系的实用世界搬家到绝无利害关系。"① 由此可知，审美在我国拥有浓厚道德价值取向的缘由，陶冶个人情操为的是实现社会安定这个大目标。蔡元培对于这一目标的表述十分明显："教育之目的，在使人人有适当之行为，即以德育为中心是也……所以美育者，与智育相辅而行，以图德育之完成也。"② 传统美育观深刻地影响着现代美育理论在我国的发展。

蔡元培思想的精髓在于将中国传统美育思想与德国哲学家康德的美学思想相结合，并提出了具有中国特色的美育理论。他认为，教育主要分为感性和理性两大块，前者就是我们讲到的审美教育，后者则是科学教育，两者不可分割，犹如感性和理性同时存在于人的认识中不可分离一样。康德的哲学体系中构建了"知、情、意"三个层面，审美教育就是这里的"情"，从"情"的层面培养人的感情，激起人的感性冲动，才能有动力去从事社会实践活动。知识技术教育则是"知"的内容，科学文化能够提高人的创造能力和认知水平，可见"知"和"情"缺一不可。此外，即使拥有了广博的知识、精深的技术、坚持不懈的意志，一旦失去了高尚的道德和奉献的精神境界，也是无济于事的，而审美教育正是这两者之间的桥梁，它以情感为基础，在人类认知的世界里充当着更高级、更深入灵魂的精神武器，与道德教育、知识教育同等重要。

近代我国美育理论的发展由于历史的原因，国家危亡之际，救国等于救家，救国先要救人，救人必要救心，美育为此而生。美育也因为这样的功能有了积极的社会意义，同时彰显着中华民族的传统文化特色，所以美育的本土化是历史的必然。同时也不可避免地

---

① 朱光潜：《谈美书简二种》，上海文艺出版社 2001 年版，第 70 页。
② 蔡元培：《中国现代教育文选》，人民教育出版社 1989 年版，第 15 页。

存在明显问题，过于强调人心改造，服务社会，就会忽视美育对于人的生存及发展的终极关怀，这是不符合现代意义的人本主义原则的。加之对个人私欲的全盘否定，从某种意义上来讲，是对个性解放和人性自由的束缚，不利于美育的发展。

直到中华人民共和国成立后，我们国家的各项事业都展现出新的风姿，尤其是教育事业，从 1949 年到 1978 年再到 21 世纪的今天，美育也走过了一条曲折的否定之否定的道路。中华人民共和国成立初期，承接先辈仁人志士从西方文明中汲取的精华，在教育界涌现出众多不同的审美教育理论和方法；但随着"文化大革命"的错误斗争，又将审美教育抛之脑后数年；再到新时期改革开放政策的提出，审美教育再一次回归自己的位置，得到众多专家学者的推崇，并提出了很多优秀、富有创造性的理论方法。但同时我们必须看到，中国的教育一直受到应试教育的牵引，审美教育并没有得到重视，仅仅以辅助教育的名义在很小的范围内展开，它的发展一直处于被动地位。这是一个值得我们重视的问题，更是新时期国家教育需要继续改革和探索的新问题。

二　美育在西方的发展

纵观世界历史，中国传统文化从未放弃过对美的追求，西方古老文明中更是如此。任何一个优秀的民族思想发展初期都具有极大的相似性，我们可以看出孔孟老庄之道和古希腊的柏拉图、亚里士多德、苏格拉底的思想脉络在一定程度上总结了人类早期思想意识萌芽的精髓，哲学、艺术等多种文明也由此产生，审美力及审美实践也不期而至。上文中，我们提到了儒家学派的"礼乐"思想，其实在古希腊柏拉图的教育理念里也深深地印有文学和音乐的印记，还曾有过"不懂诗的人禁止入内"的说法，可见审美教育的雏形也就形成于此时了。柏拉图的《理想国》中谈道："应该寻找一些有本领的艺术家，把自然的优美方面描绘出来，使我们的青年们住在风和日暖的地带一样，四周一切都对健康有益，天天耳濡目染于优美的作品，像从一种清幽境界呼吸一阵清风，来呼吸他们好的影响，使他们不知不觉地从小就培养起对于美的爱好，并且培养起融美于心灵的习惯。"① 柏拉图第一次把"美"提升到一个崭新的高度，进而引发了"纯粹美"的思想，认为我们所能感知的"美"是对美本身的临摹。紧随柏拉图之后，便是他的弟子亚里士多德，他的著作《诗学》可以说就是对审美问题的专业论述，而他的"政治人"思想也将审美与促进个人全面发展联系起来，把审美与政治生活相连，可谓开创了西方审美教育的先河。后来的继承者众多关于审美的思想，几乎是对亚氏审美观点的扩充、完善和改进而已。

　　漫长的中世纪之后，西方迎来了文艺复兴的文明与辉煌。"人性"自由与解放成为一个时代的主题，人们用各种艺术的手法来描绘自然与人性，拼命地表现着体现在人身上的自然属性。由此诞生了一大批艺术家，绘画、音乐、文学都争先恐后地表达他们的心声，也畅述着被中世纪黑暗神学压抑许久的内心感情。人类思想的解放推进了审美情感的发展，同时也享受着"美"这种特殊情感带来的身心愉悦，自然之美、人性之美成为他们表达情感的直接对象。审美教育第一次在西方史上得到迅猛发展，而这一时期也是其理论与实践相结合的最佳表现。不仅有后人所熟知的艺术家的作品，更多的还有普普通通的平常人，他们也通过自己的实践寻找审美的对象，表达审美的情感，足见文艺复兴在整个西方文化运动史上特别是审美理论与实践的发展上做出了巨大的贡献。如果说文艺复兴是现代文明的开启者，那么"启蒙运动"就是紧随其后的接班人，文明需要推进，保守的思想需要打破，启蒙运动就是这股力量。

　　相比而言，中国是在近代才诞生了真正意义上的审美思想，而西方则是历经文艺复兴和启蒙运动后，才由德国古典哲学流派开创了具有教育价值的"审美"思想。提起德国古典哲学，人们便想起了康德，这位伟大而卓越的思想家为美学理论与实践的链接体系做

---

① ［古希腊］柏拉图：《文艺对话集》，人民出版社 1963 年版，第 62 页。

出了重要贡献。他的名著《判断力批判》就专门探讨美学的若干问题，包括美学的基础概念及审美的性质等。然而，《判断力批判》只是为了《纯粹理性批判》和《实践理性批判》的展开而服务的，所以美学思想在其中就显得比较弱小，当然也成为后人继续深入研究的切入点，席勒就是第一个继承者。康德首次提出了独立的美学思想，席勒则将审美同教育联系在一起，提出美育的目的是实现人的自由。他在《审美教育书简》中谈道："在美的观照中，心情处在法则与需要之间的一种恰到好处的中间位置，正因为它分身于二者之间，所以它既脱开了法则的强迫，也脱开了需要的强迫。"①他想要表达的是：美育也是人实现自由的一条途径，因为它可以协调人们内心感性冲动与理性压抑的矛盾，当二者达到统一时，人就得到了自由的释放，也就达到了和谐自由的境界，最终完成生命的幸福、圆满。

纵观整个西方审美教育史，席勒的贡献是显著而巨大的。他第一次使"美育"的概念深入教育思想，并做了详细而系统的整理与总结。他把审美教育作为实现人自由幸福的途径，体现着对人类生命本身的终极关怀，这不仅对西方美学思想、教育思想的发展有重要意义，对整个人类社会思想的发展都功不可没。席勒对于审美教育及其发展功不可没，但由于受德国古典唯心主义的影响，其美育思想仍沿袭了主观主义的很多观点，不足之处仍待后人努力。

第三节　中西方审美教育的异同

一　中西方审美教育的不同点

（一）目的不同

审美教育作为教育的一个分支，有其目的性，无论中国还是西方世界美育的目的都是对理想人的培养，其出发点是每个个体，寻

---

① ［德］席勒：《审美教育书简》，冯至、范大灿译，上海人民出版社2003年版，第88页。

求个体与社会的统一。但文化背景的不同和历史的变迁，中西方审美教育在历史的实践中所表现出的目的性仍有差异，简言之：西方求"真"，中国求"善"。

首先我们讨论中国美育思想的目的性。儒家的代表孔子传承着周文化的习俗，不可避免地带有政治色彩，美育背后隐藏着促进社会和谐稳定有序这样的目的。孔子的美育思想落实到个人身上，便是"仁为美"四个字，要将人培养成为社会伦理化的人，伦理纲常将作为人的内在品质发挥作用。人有了这样的内在修养，就会由衷地实现"仁者安仁，智者利仁"，因此仁是本，礼是外在的束缚。孔子言，"兴于诗、立于礼、成于乐"；道家推崇的人生境界虽不等同于美学，却是一种审美境界，于是社会上就传开了"儒家入世""道家出世"的美谈。中国美育思想的培育目标一直都未改变，具有阶级意识的伦理道德的人，是他们追求的同一目标，这样的人是审美与道德之善相结合的人。许慎在《说文解字》中讲道："美，与善同意。"这样一来，国人常常将美与善混在一起，作为评判标准。"由于中国文化的早熟及其'述而不作、信而好古'的特点，致使从先秦到晚清，美育求'善'的特点并未有根本性的发展变化。"①

近代以来，西方思潮作为一股不可阻挡的浪潮席卷了中国思想界，加之以蔡元培、王国维为代表的先进知识分子的传播，西方美育思想更是具有了一定的影响力。救亡图存的重担陡然间落到了美育身上，他们寄希望于美育来改造懦弱的国民精神。尽管美育概念源于西方世界，可当它遇到中国这片热土时，就带上了浓烈的伦理道德价值取向，我们想要通过美育来进行情感伦理教化，寻求人性中最本真的"善"。

关于西方美育，我们从古希腊哲学大师柏拉图的观点说起。他始终以理性的眼光看待整个世界，他认为虽然人的内心是由理性和

① 蒋广学、赵宪章：《二十世纪文史哲名著精义》，江苏文艺出版社 1995 年版，第 7 页。

情感共同组成，但理性在其中起到了至关重要的作用，是人性中最高的部分。情感作为另一方面，很难被控制，有时具有欺骗性和不确定性，因此是人性中较低层次的部分，而美育是可以调节情感的，这样一来，情感就可以为理性思维服务，培养具有逻辑思维、理想的哲人，这一直是他理想国的构想。柏拉图的观点奠定了西方美育的基石，也确定了西方美育"以美启真"的思想路线。西方思想界普遍的共识就是，美和善从属于真，真可以替代一切。亚里士多德曾说："求知不仅对哲学家是最快乐的事，对一般人亦然，只是一般人求知的能力比较薄弱罢了，我们看见那些图像所以感到快乐，就因为我们一直在看，一直在求知，断定每一事物是某一事物。"① 到近代以来，这种思想更是盛行，20 世纪的分析美学就是使语词的意义更加明确，再往后专门研究审美的格式塔美学，其著作《艺术与视知觉》几乎可以被称为"准科学"。

（二）侧重点不同

中国的审美教育侧重"感性"体验。美育的思想虽然自古就有，但在我国古代并未过这个概念的使用。"诗、乐"虽是具体的审美教育，但也未曾有过完整的"美育"表述。孔子虽十分认同审美的人生观，但在具体的历史背景下仍显露出强烈的政治意图。庄子虽已有了审美最高境界的感觉，但其后的继承者仍未有过关于审美完整的体系化论断，没有走出个人情感体验的狭隘境地，总结出具有普世价值的理论。在中国传统文化和观念中，"天人合一"是人们追求的制高点，也是理想中可以达到的境界。在这个境界中，人和人之间没有本质的差别，宇宙万物统一于一种物质，因此传统哲学并不十分关注对普遍真理的追求，反而十分关注如何实现"天人合一"的状态，所以描述"独善其身"和"社会和谐"的论著就相对较多，也就是说，具体实践的东西多于理论的东西，美育概念终究没能体现出来。至于今天我们讨论的美育的内涵、功能、作用、实现途径等，更是没有在古人那里得到相应的明确回答。

---

① 亚里士多德：《诗学》，人民文学出版社 1997 年版，第 11 页。

西方审美教育侧重"理性"分析。他们的追求不仅涉及个人品质，还包含适用于每个个体的普遍真理。13 世纪末兴起的文艺复兴，提出了对人性本真的无限追捧，他们认定每个个体必有差异，这种差异的背后更是隐藏着一个内在规定性，这是人之所以被称为人的共同本质，也是人们探索自身奥秘的真理。所以之后的大家们，无论是哲学家还是思想家、美学家、教育家，都各尽其能从理论到实践，努力地探寻或是概括人类共同的本性。他们认为这是一个普遍适用且有现实价值的真理。探索的足迹也深深地烙在了美育思想发展的轨道上，尽管中世纪黑暗的宗教势力曾不断对其打压，但文艺复兴乃至启蒙运动没有停下脚步。随着"美育"概念的提出，这个思想的火花一旦被擦亮，就一发不可收拾，同时擦亮了艺术理论、审美心理学、分析美学等多重领域思想的火花，为进一步的审美教育创造了条件。

（三）发展模式不同

从前文对西方美育思想的介绍不难看出，整个西方的美育始终在不断发展、不断完善，不断增添新的内容。早期散见于古希腊先哲的思想中，而随着美育作为正式概念的提出，新的相关理论一时层出不穷。历史的演进也催生了美育的两个分支，一个是追求理性和真理的美育，另一个便是追求感性自然的美育，两者同时发展，都在对人的发展问题上提出了自己理想的构建和历史的思考。随着工业大生产、机器化时代以及知识经济时代的演进，美育学家着眼于更广阔的社会空间来研究美育的功能，推进美育的作用。席勒借此提出了异化时代弥补人格分裂的美育思想，为大众勾勒出一个审美的理想王国，也达到该理论的又一高峰。纵观这些理论的发展，印证了马克思主义唯物辩证法中"否定之否定"原理，这是一个不断否定却不断提出优于先前理论的时代。因此，西方的美育思想在本质上走出了扩张式发展的模式，值得后人借鉴学习。

谈到中国的美育发展，我们在惊叹于先秦文明、传统文化的同时，不得不承认关于审美的思想虽在古代有着自己的巅峰时代，却未能持续发展下去。古人对美育的总结更是浅尝辄止，少了体系化的探索，发展也就没有了动力。当然，古人集中于研究美育的实践也是值得肯定的，即审美的人应该怎样培育，审美的人应该怎样发展。儒道两家的观点成了后人崇拜的普遍真理，甚至成了信仰，直到今天我们依然习惯于使用传统文化中的礼教来述说教育下一代，并把此作为传统文化在今天的优秀成果，按照这种信仰去为人处世，研究问题。几千年的思想发展，虽历经了西方思潮的影响，但美育的内涵从未有过巨大改变，仍然是对善的无限追求，以此达到美的境界，道德的"美"——终极的"善"。上至春秋，下至明清，五千年的华夏文明塑造了中国人坚忍不拔、勤劳勇敢的品质，美育思想以一种根深蒂固的伦理化情感根植于人们思维的深处，继承者在这个思想的长河中不断精挑细选，使其完美，却缺乏新的内容、新的动力。中国的美育几乎处于静态模式，固守着老祖宗优秀的传统，却很少见创新的火花，这一点值得我们后人认真反思。

（四）价值取向不同

中西方思想意识形态本身存在差异性，加之所处历史环境的不同，在对美育内涵的认识上便形成了各自的特色，即双方对美育的作用及功能的需求并不相同。在中国，美育的作用主要集中体现在对人的教化上，孔子言"志于道，据于德，依于仁，游于艺"（《论语·泰伯》）即是指我们的目标是培育有道德的人，培养的根据在于伦理道德，培养的依靠在于仁爱，培养的手段包括娱乐艺术欣赏。其中，"艺"和"道"是相互联系的，内在于艺术欣赏中净化心灵，修养精神，才能外在于培养符合伦理道德的行为。至于通过"顺乎礼义"的"诗""乐""小说"，对人进行良好的美育，以培育和充实内在的"从善之性"，从而使受教育者"油油然生好善之心""使人醌醌销尽"①，以美洗涤心灵，达到道的境界。

在西方，尽管也在价值取向上认同伦理道德之美，赞赏许多艺术家的作品所体现出的美感，能净化人内心的道德世界。别林斯基曾赞美普希金的作品："总有一天，人们将用他（普希金）的作品

① 叶朗：《中国美学史大纲》，上海人民出版社1991年版，第471页。

来培养和发展不仅是美学的，而且是人道的情感。"① 但绝大多数美育学家更强调美育对于优化个体心理的作用，这也体现出文艺复兴以来，西方思想界人本主义的价值取向。这里美育的功能被认为是改善个体心理状态，在美的情感体验中平静心情，调节过分紧张、恐慌的心理，或是改善人们某种烦恼、焦虑的消极心理，保持乐观、积极向上的健康心态，这都是感受美好事物可以做到的。

（五）审美教育的形态不同

1. 中西方美育对于情感教育的态度不同

中国社会是一个充满人情味的社会，这也与我国传统文化中以情感应对美息息相关，将审美教育当作情感教育在我国古代"六艺"中表现得十分突出。"情动于中，而形于言；言之不足，故嗟叹之；嗟叹之不足，故永歌之；永歌之不足，不知手之舞之足之蹈之也。"② 近代引入西方美育概念之后，教育学大师王国维也说："教育之事亦分三部：智育、德育（即意志）、美育（即情育）是也。"③ 更有原北京大学校长蔡元培先生给"美育"下的定义为："美育者，应用美学之理论于教育，以陶养情感为目的者也。"④ 可见，美育已和德育、智育、体育并列为教育的重要方法，不同于其他几育的特点，便是它情感教育的特征。蒋孔阳先生曾旗帜鲜明地讲："美是和感情联系在一起的，美不美，就在于能不能调动人的感情。"⑤

西方世界总给我们流露出求真务实的特点，在美育问题上也表现得与中国不同。如果把文化的发展看作小孩的成长，那么一个形象的比喻就是古代中国文化属于早熟的孩子，西方文明则属于正常发展的孩子，美育作为情育的概念恰好在文化的成熟阶段出现。古

① 北京大学哲学系美学教研室编：《西方美学家论美和美感》，商务印书馆1980年版，第222—223页。
② 北京大学哲学系美学教研室：《中国美学史资料选编》（上册），中华书局1980年版，第131页。
③ 舒新城：《中国近代教育史资料》（下册），人民教育出版社1961年版，第1008页。
④ 蔡元培：《中国现代教育文选》，人民教育出版社1989年版，第15页。
⑤ 蒋孔阳：《蒋孔阳全集》，安徽教育出版社1999年版，第707页。

希腊人最善于临摹，几乎所有的艺术源于模仿，他们对于教育的观念也是模仿，这种教育模式是否合理，就回到了西方世界的主题——是否有利于求知。至于我们前面提到的情感教育，必须服从于求知。在古希腊人的心中，求知高于一切，求知等于一切，其中包括美和善，柏拉图的"美在理念"就证明了这一点。美育一直依附于求知，直到现代科学的发展，才有了自己的立足之地。1750年，德国美学家鲍姆嘉通在其著作《美学》中首先提出了"美学"（Aesthetica）一词，其词源于希腊语"埃斯特惕卡"，意即"感性学"，指对的是人的情感领域。后来，席勒在其《审美教育书简》中把美育作为独立的概念提出来，他讲："在力的可怕王国与法则的神圣王国之间，审美的创造冲动不知不觉地建立起第三个王国，即游戏和假象的快乐王国。在这个王国里，审美的创造冲动给人卸去了一切关系的枷锁，使人摆脱了一切称为强制的东西，不论这些强制是物质的，还是道德的。"[①] 美育在他这里已有了相当高的地位。席勒勾勒的审美国度是一个感情的世界，自由而不受感性和理性的束缚，"同时美又是我们主体的一种状态，因为有情感作条件，我们对美才有一种意象"[②]。至此，美育作为情育在理论上有了支撑点，也在西方文明中有了立足之地。

2. 中西方美育培养的精神指向不同

中西方美育的重要途径都是艺术教育，但实践的过程以及精神指向是截然不同的。先秦的美育思想多强调"自律"，即从个人内在的修养出发，艺术作品也包含着个人品质的东西，通过此推进情感的交流，最终影响受众，宣扬统治阶级的道德观。《荀子·乐论》中说："故乐行而志清，礼修而行成，耳目聪明，血气和平，移风易俗，天下皆宁，美善相乐。"艺术的作用是潜移默化的。先秦的美育往往是由"情"及"理"，达到教化的目的。在西方世

---

① ［德］席勒：《审美教育书简》，冯至、范大灿译，上海人民出版社 2003 年版，第 162 页。

② 同上书，第 144 页。

界，对"真"的追求超过了一切，艺术教育也在寻求"真"，因此是由"真"及"理"的教化过程，通过对知识的学习，对技能的掌握，来培养审美的能力，成为身心健康的人。这样通过中国的美育，人们懂得了行为上要遵守社会道德规范；性情上要敦厚朴实，不能淫逸奢华；政治上要维护现有统治的权威，不能犯上作乱。通过西方的美育，则可以巩固已有的知识体系，注重培养学生的思维能力，提高他们的理性思辨力。

两种不同的审美实践，也导致了中西方不同的精神指向。一方面，我们从人格发展方向看，孔子为代表的儒家学派培养的理想人格多是指政治上的，服务于政治社会；以柏拉图为代表的西方文明，则更多地指向自然领域和现代意义的科学领域。作为美育思想发展的源头，西方代表着科学精神的内容，中国代表着人文精神的内容。另一方面，我们从教育形态的侧重点来看，也反映着中西方世界人文的关怀和科学的探索。

3. 中国美育在美育的实施及内化上的不同

中国的传统文化贯穿在几千年的华夏文明发展史中，展现着这个古老民族的人文情怀。美育是一种情感教育，需要人文的关怀。与西方文化不同的是，中国文化直指人的内心深处，用特殊的汉字表达着人们内在的精气神，许多西方国家的学者感叹汉字的复杂，一个个的方块儿字抒情达意，在美育的传播中发挥着重大的作用。这种极富人文性的语言，让中国的美育思想在实践中有着西方美育无可比拟的优势。每个字的推敲，每串词的深邃，每句话的特殊内涵本身，就体现着审美的特性。我们应该在审美的实践中，运用本国文化的优势，将美育的作用发挥到极致。

二　中西方审美教育的共同点

首先，就双方美育思想的源头看，中国先秦和古希腊二者在美育目标上具有一致性。美学思想家和教育者共同的目标就是培育美且善的人，身心和谐的人是他们理想中的接班人。

先秦时期，教育以"礼、乐、射、御、书、数"为主，这六项教育包含着德、智、体、美等方面。其中，"乐"就是指美育，包含着诗、书、歌、舞等多种艺术形式，其他五艺也或多或少地涉及美育的内容。孔子教育学生时十分注重培育理想人格，通过"六艺"的学习培养全方面发展的学生。他认为，诗和乐的配合教育更能促进礼的教化程度，即所谓"兴于《诗》，立于礼，成于乐"（《论语·述而》）。显然，对诗的学习，能激发起学生丰富的情感体验；对礼的学习，能"立身、正行"，端正人生的轨迹；对乐的学习，能"成性"，养成良好品格。孔子的美育思想至今影响着我国的教育学家，优秀的文化传统也激励我们在学校教育上推陈出新。

古希腊时期，人们的生活状况都反映在一部史诗巨著中，那就是《荷马史诗》，其中也记载了不少关于美育的思想雏形。作品中描绘了人们对外貌形体美的向往，但本质仍然是对心灵美的追求。《伊利亚特》中就通俗地表达了这种观点，即便多么美貌的人，如果他的内心十分丑恶，或是愚昧无知，都算不得是美好的人；相反即使他的容貌较差，但拥有善良的内心或是优雅的言行，那么大家也会崇敬他。女诗人萨福讲得更明确："长得美的人只是外表美，而品德出众的人也是美的。"① 后来的继承者也延续了这种对美的评判标准，如毕达哥拉斯学派、智者学派以及柏拉图师徒三人，终将这种思想发展成为古希腊美育的精髓。

其次，就美育的终极目标来看，无论是古希腊的先哲还是先秦时期的儒家学派，由于生存在动荡年代，为了心中理想的实现，他们的美育思想中都带有功利的色彩，美育成为政治生活及社会生活的服务者。在当时的背景下，统治者的权威是至高无上的，维持社会稳定的规则才是美育的终极目标。这样看来，中西方的美育目标具有一致性。

在古希腊享有至高荣耀的柏拉图，一生都在为后世者建造一座理想的王国。就他的思想来看，依然甩不掉为统治者服务的影子，

---

① 伍蠡甫：《西方文论选》（上卷），上海译文出版社1979年版，第203页。

他的教育理念一方面以艺术教育为重要手段，另一方面仍是以维护国家稳定为出发点。他构想了许多理想的人格品质，如坚强、勇敢、诚实等，青年人只有具备了这些品质才能守卫好国家的安全，同时也批判了一些低劣的艺术作品，这样的作品容易使人丧失理智，应当逐出理想国。凡是有利于理想国发展的艺术作品就应当被广泛传播，我们"应该寻找一些有本领的艺术家，把自然的优美方面描绘出来，使我们的青年们像住在风和日暖的地带一样，四周一切对健康有益，天天耳濡目染于优美的作品，像从一种清幽境界呼吸一阵清风，来呼吸它们的好影响，使他们不知不觉地从小就培养起对于美的爱好，并且培养起融美于心灵的习惯"（柏拉图，《理想国》）。

孔子同样也对美育有过相似的认识。他从美育对人们道德的形成、社会的稳定出发来探讨这个问题。具体来看，他一方面主张美与善的合二为一，另一方面强调美的社会性，美的感受、美的情感都离不开社会伦理的轨道，应当从这个层面去实现尽善尽美的理想。"子谓《韶》尽美矣，又尽善也。谓《武》尽美矣，来尽善也。"（《论语·八佾》）孔子将尽善尽美的思想贯穿到他的论著中，讲"《诗》三百，一言以蔽之，曰：思无邪"（《论语·为政》）。这就是说艺术也有善性，只有尽善才能尽美，尽善尽美才能洗涤欣赏者的心灵，启发人们内心道德的良知，服务于社会需求。反之，如果艺术仅有美的形式，却无善的内涵，仍然不能超越个人情感世界，升华为理性的社会情感。

第三章　马克思主义审美观与
人的全面发展

第一节　马克思主义审美观概述

马克思是从社会进步、人的发展的高度来审视人的审美观的。他在谈及美的塑造时讲道："人通过对对象世界的改造，人才实际上确证自己是类的存在物，这种生产时他的能动的、类的生活。通过这种生产，自然界才表现为他的创造物和他的现实性。"① 现实生活中美的创造与赏析离不开人类生产实践活动，因为实践活动是人本质力量的体现，通过实践，自然界才拥有与人相关的活力和生机，这种生生不息是人赋予的，人也在其中得到自我满足、自我欣赏、自我陶醉，产生愉悦之情。审美认识的发展是一个历史过程，不论是审美主体还是客体，都在实践中获得发展，人的审美活动和审美教育也会受到社会、经济、政治、文化、自身心理等各种因素的影响。

一　实现人的全面发展，必须消灭私有制

马克思一生致力于人类解放及发展事业，人的全面自由发展是他价值体系的核心。他曾指出，"每一个人都无可争辩地有权全面发展自己的才能"②。这体现着世界上最人道、最公平的价值观。

---

① 马克思：《1844 年经济学哲学手稿》，人民出版社 1979 年版，第 51 页。
② 《马克思恩格斯全集》（第 2 卷），人民出版社 1957 年版，第 614 页。

只有实现了人道主义，社会关系才能和谐发展，而这一切美好理想的归宿就是共产主义运动。他主张建立共产主义社会来消灭各种不公平，实现人的彻底解放。他在《1844年经济学哲学手稿》中指出："共产主义是私有财产即人的自我异化的积极的扬弃，因而也是通过人并且为了人而对人的本质的真正占有。因此，它是人向作为社会的人即合乎人的本性的人的自身的复归。"① 人只有积极扬弃异化，才能实现共产主义的愿望，而共产主义的实现，又会为人自由掌握自我本质提供条件。共产主义的美好理想实际也是人们获得美及欣赏美的最佳环境，因为它消灭了一切不合理制度，为人的自由发展提供了广阔空间，并且提供了物质基础与精神支持。

如何实现人的自由发展？首先要彻底消灭私有制，克服异化劳动对人的束缚。原因有二：一是私有制直接造成了异化劳动的出现，使人丧失本性，成为自身创造物的奴仆。马克思说："私有制社会剥夺了美的创造者——劳动人民享受美的权利……劳动为富人生产了珍品，却为劳动者生产了赤贫。劳动创造了宫殿，却为劳动者创造了贫民窟。劳动创造了美，却使劳动者抛回到野蛮的劳动，而使另一部分劳动者变成机器。劳动生产了智慧，却注定了劳动者的愚钝、痴呆。"② 这是不正常的社会现象，更是不合理的社会制度。在私有制主导的资本主义社会里，随着物质材料的极大丰富，出现了以往不曾有过的新情况，劳动者的待遇及生存条件表面上得到了很大改善，但资本主义对劳动者的剥削却有增无减，异化现象也越加严重。人们深陷其中却被物质的享受迷惑了双眼，背上了沉重的精神枷锁，同样人们对美的感受及认识也愈加畸形，丧失了纯净、美好的精神家园。马克思对这种异化现象曾有过一段有趣的举例："我是丑的，但是我能给我买到最美的女人。可见，我并不丑，因为丑的作用，丑的吓人的力量，被货币化为乌有了。"③ 可见，

---

① 马克思：《1844年经济学哲学手稿》，人民出版社1979年版，第73页。
② 同上书，第46页。
③ 《马克思恩格斯全集》（第42卷），人民出版社1979年版，第152—153页。

美丑在金钱社会也被肆意调换了位置，这是一种精神的异化现象，只因人们过分地追逐物质享乐，造成了变态的审美心理。要彻底清除这种变态的审美观，恢复人性的至真至善至美，就必须消灭私有制，还人们一个纯净的精神世界。

二是与私有制相伴而生的私有观念对人的发展也是有消极作用的。人与人之间过度的"私心"，也会导致社会的不和谐。马克思曾说："私有制使我们变得如此愚蠢而片面，以致一个对象，只有当它为我们拥有的时候，也就是说，当它对我们说来作为资本而存在，或者它被我们直接占有，被我们吃、喝、穿、住等的时候，总之，在它被我们使用的时候，才是我们的。"① 人的高尚品格之一就是要大公无私，无论是对整个社会还是对周围的人和事，只有这种精神才能化个人力量为群体力量，推动整个社会前进。从某种意义上说，消灭私有观念比消灭私有制更难，这就要求我们努力建设人类共有、和谐的精神家园。

二 美育是实现人的全面发展的重要途径

人非生而就有辨别美丑的观念，也非生而即有社会实践的能力，只有随着人类历史的不断前进，进而对人类进行不断完善的教育，才能提高人的知识水平及实践能力，为自我的全面发展创造基础条件。马克思一生的革命事业致力于为广大的无产阶级工人谋福利，但从未忘记过对工人阶级的教育与培训，既要引导他们为自身的幸福生活创造更多的物质财富，又要从精神上鼓舞他们为共产主义事业而奋斗。他认为对工人阶级意识形态的教育，是革命取胜的关键。马克思在批判黑格尔时说过："个人首先转变为'意识'，而世界转变为'对象'，因此生活和历史的全部多样性都归结为'意识'对'对象'的各种关系。"② 这就表明只有通过教育的途径才能提高人的自我认识，改造人们对社会实践的认识，从而促进社

---

① 《马克思恩格斯全集》（第42卷），人民出版社1979年版，第124页。

② 《马克思恩格斯全集》（第3卷），人民出版社1960年版，第163页。

会进步和人自身的发展。

美育在人的发展过程中，具有特殊的地位和意义，表现在两个方面。一是对于个人发展的积极作用。在它施教的过程中，通过审美客体对人们情感的激发，达到与审美主体之间的共鸣，这样便能促使人的精神得以升华。内心世界的丰盈又会促使人们对外部世界按照精神家园美好的方向去改造，并对自身发展提出更高的要求。马克思曾说过："一个毫无教养的粗人常常只是因为一个过路人踩了他的鸡眼，就把这个人看作世界上最可恶和最卑鄙的坏蛋。他把自己的鸡眼当作评价人的行为的标准。"① 这个实例就说明人的外在言行取决于自身本质力量的性质，可见情感教育的重要性。二是对于整个社会发展的积极作用，当然这个作用是间接的，需要人这个桥梁。美育教化人们通过艺术的、诗意的、美好的思维方式来认识生活，改造社会，这是和谐社会建设的前提与基础。尤其是艺术之美，无论人处于社会阶层中的哪一级，他们都有欣赏美与追求美的权利和欲求。恩格斯曾对文学作品《人间喜剧》做了如下评价："……在这幅中心图画的四周，他汇聚了法国的全部历史，我从这里，甚至在经济细节方面（如革命以后动产和不动产的重新分配）所学到的东西，也要比从当时所有职业的历史学家、经济学家和统计学家那里学到的全部东西还要多。"② 马克思也同样对艺术作品有着深刻的认识，他的每一部精彩巨著都可以说既是艺术的瑰宝，也是社会发展的优秀成果。艺术的思维方式带给人们对世界的不同认知，也开发着人脑的思维能力，让世界朝着更美好的方向发展。

三　自由个性是运用美的规律实现自我

"自由"不仅是马克思主义关于人发展的重要特征，同样也是黑格尔对人本质的归纳，以及席勒对"美的规律"的把握。但是黑格尔和席勒都没能把人引向真正的自由境地，因为他们脱离了社会

---

① 《马克思恩格斯全集》（第1卷），人民出版社1956年版，第148页。
② 《马克思恩格斯全集》（第2卷），人民出版社1956年版，第463页。

现实，脱离了人的根本属性即社会性，脱离了人的根本活动即社会生产实践。马克思主义从社会实践活动出发，总结了自由的本质来源。恩格斯曾说："……自由是在于根据对自然界的必然性的认识来支配我们自己和外部自然界；因此它必然是历史发展的产物。"①因此，自由是通过不同的社会实践而完成的自我实现。对自由的追求是人的基本欲求，但这种自由必须统一于感性世界与理性世界的共同发展，否则就失去了意义。生产劳动正好完成了这种统一，它既创造了物质世界使人们能够生存下来，又创造了审美世界使人们能愉悦地享受生活，人在劳动中实现了以上两者统一的目标，才有了自由。正是因为自由，才让人们对自身智慧的挖掘有了无穷的力量，为审美世界的改造创造无限可能。然而，在阶级社会里，私有制的存在导致了剥削的进行，劳动者的生产是为了满足资本家的需求，而不是一种自由的乐趣，尤其是异化劳动的出现将这种剥削上演到极致，大部分劳动者的生活蒙受苦难，小部分劳动者虽得到生活资料的较多满足，但却成为自己劳动成果的奴役。因此，马克思主义喊出了"消灭私有制"的口号，为人类走向共产主义、走向崭新的自由生活而奋斗到底。足见，我们这里讲的自由并不是空洞的抽象，而是与生产实践、社会生活紧密相连的，是社会发展的正能量。

自由不仅仅是个人的自由，也是整个社会的自由，社会的自由为个人的自由提供机会和空间。马克思曾说，"每一个单独的个人的解放的程度是与历史完全转变为世界历史的程度一致的"②。个人自由和社会自由是相互依赖的关系，二者的发展具有同步性。在阶级社会里，自由也就相应地打上了阶级印记，不再属于全部人。马克思主义就是要打破这种不平等现象，通过革命斗争获得属于每个劳动人民的自由，这样才提出来建立共产主义平等、自由社会的要求，以此为基础促进个人的全面发展。就个人而言，良好的外部

---

① 《马克思恩格斯全集》（第3卷），人民出版社1972年版，第154页。
② 《马克思恩格斯全集》（第2卷），人民出版社1956年版，第42页。

环境更能激发其积极向上，这种环境正是人们对美的不懈追求营造的。人性的改变有多方面的原因，但归根结底还是精神层面的，即文化教养的改变。黑格尔说："为了自由，人必须是成熟的。""无知者是不自由的，因为他对立的是一个陌生的世界。"① 缺乏文化修养的人就是这里所讲的"无知者"，人的发展其实质就是在大千世界里运用自己的知识文化改造社会，运用自身的修养和美德去感化别人，从而展示自己、争取自由。马克思主义十分重视人的个性自由与解放，并将此与社会发展紧密相连，要求个人与社会通过审美教育，建立起足够的知识理论和高雅的心理情趣，以此来推进人的全面解放。

四　重视艺术的审美教育作用

艺术作为最普遍的审美教育方式深得大众喜欢，马克思认为艺术的感染力主要源于它的本质特性，因为它既是对现实生活的真实反映，又为人们勾勒出高于现实比较理想化的生活场景。艺术作品塑造的很多人物形象与大众生活紧密相连，仿佛就是生活的再现，因此它的受众更为具体和广泛。古往今来，许多先哲、圣贤崇尚艺术创作与欣赏，马克思也不例外。他很喜欢诗歌与音乐，并大加赞赏这些艺术形式对审美教育的作用；恩格斯也同样迷醉于乐曲的美妙，曾在听完贝多芬的《命运交响曲》后感动不已，赞叹这是世间最了不起的音乐。优秀的艺术作品不仅给人带来感官上的享受，更能净化人的内心，引发大众的共鸣，发挥教育的作用，对艺术的审美教育本身就是一件身心愉悦的事情。教育主体与客体都会在教育活动中得到洗涤，使自身发展向着更高层次迈进。

五　正确对待民族文化传统

世界上任何一个民族在她的发展过程中都会形成自身独有的文化传统，是每个个体创造的物质财富和精神文明的结晶，是民族精

---

① 黑格尔：《美学》（第1卷），商务印书馆1979年版，第124页。

神的体现。马克思和恩格斯在他们的实践活动中，遵循世界历史发展的规律，用历史唯物主义指导工人运动，强调审美教育不能脱离现实、割断历史，对杜林等人宣扬的民族虚无主义予以严厉驳斥。恩格斯说："与之美学方面的教育，杜林先生不得不一切重新做起，从前的诗对此都不适用。在一切宗教都禁止的地方，学习里自然是不能容忍从前的诗人惯用的'神话式的或其他宗教式的剪裁'。'例如歌德曾经极力保护的诗的神秘主义'，也是为人嫌弃的。这样，杜林先生自己不得不下定决心，向我们提供'同幻想（它和悟性协调一致）的更高要求相称的'并描述出'表明世界的完美性'的真正理想的诗的杰作。但愿他别踌躇。"① 正确对待民族传统文化，既要反对虚无主义，又要反对唯传统是从，运用马克思主义历史唯物观客观公正地评价历史，更要用否定之否定原理宣扬民族文化中的精髓，鄙弃民族文化中的糟粕。马克思主义在它的创立及发展过程中，对偏离于社会、偏离于唯物主义客观规律的观点始终持批判的态度；在对人的审美教育中，既赞扬传统文化中最优秀、最崇高的美德，又批判异化文明的压迫。只有按照马克思主义的审美原则，才能使审美教育发挥应有的作用。

从以上的简单论述中，我们对马克思主义审美思想及审美教育有了一定的认识，它是建立在唯物主义基础之上的科学，比以往任何时候的美育理论都具有时代性及实践意义，是我们进行美育实践的标准及指南。

第二节 马克思主义人的全面发展观概述

作为马克思主义研究的重点问题，人的发展问题向来受到各领域学者的关注，其实质即人的本质力量和关系的发展。本质力量是指人拥有的能力，包括认识世界、改造世界的本领，不仅是人作为自然界的一员与生俱来的物质力量，更是社会进化过程中，人作为

---

① 《马克思恩格斯选集》（第3卷），人民出版社1972年版，第358—359页。

高级动物，在实践的基础上培育的精神力量，是人的智力和体力的总和，统称为能力。所谓本质关系，是人所具有的一切现存关系的总和，包括实践中的主客体关系、自然界和社会生活中的对象性关系。本质力量和本质关系的综合发展，就是人的全面发展。

人的发展与社会实践有着密不可分的关系。马克思在他的社会实践论中多次提出，社会实践活动是人的本质力量外化的活动，是人的能力在世界上得以发挥和人的价值存在得以展现的重要方式。对人的发展问题的探索，是马克思研究的核心及宗旨所在。他的理论成果主要涵盖以下五大方面。

一　人的需要的全面发展

在现实世界中，理性虽然是主导社会进步发展的重要因素，但感性的需要才是激发人创造社会财富、丰富社会关系的根本动力源。马克思认为，现实世界人的需要是丰富、多样的，需要也是人类一切活动产生的根源，人类活动的根源就是满足需要。人正是为了满足来自自己身体感官的各种需要，如生存的需要、安全的需要、情爱的需要、发展的需要等，才不断进行社会实践活动，即各类生产活动。当人类的基本需要得到满足后，又会产生新的需要，这些需要的不断更新、发展，昭示着人类本质力量的不断强大，社会也会在人类的发展中不断发展。因此，满足人的合理需要是社会进步的表现，也是社会赋予人的自然力量，一切压制或扭曲这种力量的行为都是违背人类发展的，这样的本质力量不允许被破坏。而人的需要的全面发展之所以成为人的全面发展理论的根基，也在于它不仅涵盖了人类一切物质需要的发展，还囊括了社会关系各种需要的发展及人类精神需要的发展。人生活在世界上，不可避免地与周围的人与事发生各种关系，这种社会关系发展的需要也是必然的，不仅包括物质关系，也包括精神关系。物质关系顾名思义即人与外界发生的基于人的物质需要的各种关系，精神关系同解于物质关系，因此丰富的社会关系的发展也是人全面发展的需要之一。

二 人的主体性的全面发展

人成为自然界及社会的主体，是基于他自身综合素质及实践过程的主导地位而言的，这是人所具有的区别于其他物的特殊属性。马克思认为，人是社会历史的承载者，创造一切历史、拥有一切历史、为历史斗争的不是"历史"本身，而是活生生的人。人是社会历史的主体，他实现着社会运动的发展及历史的更替，社会历史的本质通过人的社会活动来表现。一部恢宏的社会史就是一部活灵活现的人类活动史。人在社会生活中的主体地位，还表现在他们的主动性、能动性上，人主动地创造社会历史，并赋予社会历史鲜活的场景，与此同时主动性的全面发展就体现于人区别于其他物的特殊属性的全面发展上，并且涵盖人充当自然主体、社会主体及自我主体的角色时的全面发展。马克思主义所讲的主体性并不等同于西方资本主义社会所宣扬的人本主义，他把人看作社会进步的本质力量、决定力量，但并非唯一力量。在重视主体性发展的同时，强调教育对主体性全面发展的作用。因为人的主体性不是天生的，而是经过后天社会实践生成的本质属性，在这个过程中，主体性必然受多种外在因素和内在规律的制约，通过教育可以使人科学地认识社会发展规律，从而约束自身行为；充分尊重客观规律的同时，激发自身潜能，唤醒主体意识，促进自身发展。

三 人多种能力的全面发展

马克思主义认为，人的全面发展的核心应该是人的能力的全面发展。他曾指出，"任何人的职责、使命、任务就是全面发展自己的一切能力，其中包括思维的能力"①。一个人的全面发展，首先不可忽视的是他的社会实践能力的发展，即生产的能力。有了物质生产能力，才能为人的其他活动创造物质基础，才能产生相关的精神生产活动，人才能从单一生产的人转变为全面发展的人。因此，

① 《马克思恩格斯选集》（第 3 卷），人民出版社 1960 年版，第 330 页。

人的社会实践能力居于其他能力之首，是我们首先要重视发展的。其次，是人的其他才能的发展。社会是纷繁复杂的大熔炉，人既要利用自己的各种才能创造社会价值，又要在创造中享受各种价值带来的利益，并且在享受中继续发展自我无穷的能力，这样周而复始的循环，既能使人得到全面发展，又能促进整个社会的全面进步。这里的才能包含多种形式，比如欣赏美和创造美的能力，虽不能带来直接的生产成果，但可以净化人的内心，美化社会环境，促进社会进步，同样也是人的能力中不可缺少的一个方面。

四 人的个性的自由发展

每个个体都有其特性，不仅包括思想、性格、情感等方面，更重要的是个性特征，这是人的本质力量的外在体现。社会实践的创造性进行，必须依靠个人个性的自由支配，因此人的个性自由发展是衡量人全面发展一个重要指标。马克思也指出，自由在个性发展中的重要性，在《共产党宣言》中明确提出每个人的自由发展是人全面发展的重要条件。在实际生活中，人各方面能力的发展及与之相适应的社会关系的变化，都是与自由的个性发展密不可分的，也可以说这些关系的发展，其实质是为"自由个性"服务的。人的全面发展是实现个性自由发展的条件，而个性自由发展是人自由发展的前提。

五 人的社会关系的全面发展

人的发展是否全面、彻底、充分，归根到底取决于他在社会实践中特别是生产劳动中自身的发展。人的发展只能在社会发展的过程中实现，因此离不开错综复杂的社会关系，而人类发展最根本的促使力量——实践，就是社会性的，内在地包含着社会关系。人的发展与社会的发展是统一协调的，人的发展推进各种社会实践的尝试，并丰富着自己周围的社会关系，而社会的发展又在规律的作用下控制人的思想行为。社会关系决定着人不能独立存在，巩固着人的社会主体地位。人的社会关系表现在现实中包括人与社会的关系及人与他人的关系。人在现实社会中的本质表现就反映在这二重关系中，因此人的本质就是这些关系的总和。人的全面发展无疑附带着社会关系的全面发展，在社会中立足并寻求精彩的发展，需要的是和谐丰富的外围环境，即人际关系环境。人的全面发展既依靠自身所处的各类社会关系的稳定和谐，又促进社会关系链条上每个环节的顺利进行；既依赖自然属性的增强壮大，又离不开社会属性的不断提升。世界上不存在任何一个完全独立的个体，因此人的全面发展最终展现的是附加在他身上的社会关系的全面发展。自然是人类生存的第一环境，人与自然之间原本就是相互依存的，如果一味索取就会遭到自然的报复，近年来这样的事例数不胜数。因此，这个基础环境必须美化好，社会才能进一步发展。人与社会关系更是纷繁复杂。人是社会的人，无论何种条件下，人的发展都离不开社会，而社会的发展又是由一个个独特的人组成的，因此二者之间也是相互促进的关系。人与他人的关系是我们要处理好的第三大关系。人除了是社会的人外，还是富有感情的人，与他人的关系相处融洽，会给自己的发展扫清障碍，营造良好的社会氛围，既有利于自身发展，也有利于社会进步。

第三节 审美教育与人的全面发展

从审美教育的发展历史看，不论是在东方还是西方，审美教育都对人类文明的传承、文化的发展、社会的变革起着重大的作用，而审美教育的特殊作用在于，对完美人才的塑造和人的全面发展的积极作用。

一 审美教育与人的需要的全面发展

现实世界中，人的活动多是满足自身感官的各种需要，审美教育的实施过程实际上是人对审美客体的感性认知过程。在这一过程中，审美主体通过感官感知美的事物，逐渐形成审美心理，再通过审美心理的感化影响个体行为，由此循环达到身心的融合、心理的平衡协调，从根本上净化人的内心，并间接地促进德育、智育、体育的开展。审美教育促使人感性认知的提升，任何审美活动都必须依靠感官感知才能进行，从具体形象、声音、气息、味道中体验美好的事物，所以感性认知是审美教育的前提和桥梁。审美客体首先在头脑中形成表象，再经过大脑的深加工（即应用审美教育的方法论进行美的审视），进而形成审美判断和评价，最终按照美的想象和自由的意志改造审美主体，形成完整的审美意识。在审美教育的实施过程中，不断提升感性认知，使人的感性需要得到最大限度的满足。

二 审美教育与人的主体性的全面发展

人的主体性不仅表现在主体感性需要得到满足的过程中，更多地体现在主体的精神世界得到升华的过程中。审美教育的根本目的不仅仅作用于人的感性认知领域，更重要的是能够促进人的精神理想的升华。作为不同形式的审美实践，美术、音乐、舞蹈、文学等虽各有自己的领地，但从根本上说它们是人类文化的不同反映。正是由于这种关系的特殊性，才使得主体的精神生活得以丰富而生动。审美教育的目的也在此，为了让人们通过精神审美价值的熏陶和感染，使主体性对于人生的感悟更加深刻，并随着不断扩大的视野，寻找到人们向往的精神家园。

经济社会的发展，物质资源的重要性日益凸显，表现在许多个体身上就是拜金思想的不断升级，人受控于金钱或是物质利益，让整个社会变得追名逐利。苏霍姆林斯基说过，美是一种心灵的体操，使内心的黑暗、污垢被洗涤，当美好的事物重现，心灵得到净化，崇高的理想得以树立，内在情操得以升华。通过审美教育促使人的身心健康、自由发展，是众多西方美学家共同的观点，而它作为现代教育的一种重要方法，也受到我国教育界及美学界的认可，审美教育可以重树人类精神理想，特别是十八大以来，追逐中国梦的理想在我们整个国家如火如荼地进行。中国梦是我们审美的理想，也是我们奋斗的终极目标。如果每个人都怀揣融国家建设、社会发展、个人理想实现为一体的梦想，那么我们整个社会就会不断前进，积极健康发展，个人也会受益于整个社会的良好环境、秩序，逐步实现自己全面发展的梦想。

三　审美教育与人多种能力的全面发展

美是一种不可言说的感受，审美是一种丰富人类知识、促进人们想象力和提升人们创造力的特殊力量。审美活动首先始于审美感受，即通过感觉器官（眼、耳、鼻、喉、肌肤等）观看、聆听、品味、触碰，在大脑中形成最本真的感性认知，然后再根据经验的加工获得审美感受。审美教育首先要培养人们对美的感受能力，如果没有对美好事物敏锐的感知能力，就不可能进行丰富的审美实践。例如，一个人如果对祖国的大好河山感受不到壮丽之美，对古老建筑群感受不到气势恢宏之美，对社会活动感受不到和谐之美，对家庭生活感受不到幸福之美……那么，他就不可能对诗歌中描述的意境美、对音乐美术中表现出的创作美有充分感知，因为人类认知的发展首先源于对具体事物的感知，然后才能升华到意识层面，最终达到知与意的融合。其次，审美教育要培养人们的审美鉴赏能力。鉴赏就是在感受的基础上，辨别、评价审美对象，事物都有其两面性，特别是在社会活动中，在不同的历史时期，还具有复杂性，这就要求审美主体辨别是非、善恶、美丑，从本质上判断事物的根本属性，不被华丽的外表所迷惑，懂得只有融真、善、美为一体的事物才是美的事物。再次，审美教育培养人们的想象力和创造力。这是审美教育更高一级的目标，因为人们感知、鉴赏美的事物，目的在于创造更多美的事物。审美创造力是在审美的实践过程中形成的。想象是创造的前提，创造是想象的目标，二者是美育的最终目的。

审美教育培养人们审美的各种能力，其终极目的在于促进个体的和谐全面发展。作为一个普通的人，他的全面发展首先是其人格的不断完善，即人自身本质力量的不断提升，包括智力的提高、体力的充沛、道德的升华、情感意志的解放等。完美的人格塑造在于构建良善的审美心理结构，这不是先天自然而成的品质，而是经过后天审美教育的熏陶才形成的。假如我们接收各类丰富的艺术作品，文化水平必然会提高，心理感知必然丰腴，就可以促进我们审美能力的提高。其实，审美教育就是审美心理的构建，形成于人类社会长期的实践活动中。美的对象感受于心灵深处，激发起审美的力量，间接影响智力和道德情感。审美教育在培养人的审美心理和塑造人的人格结构上有着重要的作用，也是其他教育手段所无法达到的。美育不是独立存在的，与启真、储德共同作用于人的教育。审美作为自由、自主的感受，最能激起人性本真、自然的情感，用最真实的表达来阐述生命的真谛，这是"以美启真"。审美又作为明辨是非的杠杆，会以不计代价的付出开启人性之善，实现道德理想人格，这是"以美储德"。培育中国特色社会主义事业的接班人，我们必须从德、智、体、美、劳五大方面出发。德育发展历史悠久，我国传统文化中就有记载学校教育的道德教化作用；智育是学校教育的根本，不同院校通过不同教学手段，让学生掌握先进的科学文明；体育在我国开展素质教育之后也蓬勃兴起，并为祖国体育事业培养了一批又一批的人才；劳育渗透在学习和生活中，不仅包括学校教育，还包括家庭教育；美育在"五育"中应当占有相当重要的地位，因为它是德育、智育的综合，也是体育、劳育的目的。一个全面发展的人，在习得德、智、体、劳的同时，应当塑造自身的人格魅力，提升自我审美情趣，创造有审美价值的事物，融理性判断与感性认知、伦理道德与自由个性为一体，实现每个个体美妙、美好的梦想，共同创造整个国家积极、奋进的中国梦。

四 审美教育与人的个性的自由发展

审美教育在其实践过程中，要充分认识到每个个体的不同特点，做到因材施教，前提是尊重个体的自由发展。审美教育是一门主动性极高的教育课程。在施教中，教师只是引导者，将美的欣赏原则及方法传授给学生，而具体的实践必须每个学生亲自体验，即便如此，对于同样的审美客体，不同学生领略到的美感也是大相径庭的。对于不同的审美感受，在审美教育中都是值得称赞和鼓励的。正是这种包容性，才诞生了古往今来、古今中外数不胜数的艺术家及他们的艺术作品，这些作品实际上就是作者个性自由发展的结晶，也是审美教育的特性为它们的诞生提供了平台。个性的自由发展是在大胆表现的过程中逐渐形成的，审美教育强调的不是标准模式的"人才培养"和知识技能，而是鼓励与支持大学生富有创造性的个性表达，重视每一种艺术教育对大学生人格特征的影响。通过这种影响，大学生便可以自由地选择自己的兴趣与未来发展，由此培养的个性必定是自己内心世界的真实表达，才有可能推进他们的全面发展。

五　审美教育与人的社会关系的全面发展

人的丰富、和谐的社会关系，是人全面发展不可缺少的一个重要内容，而多种形式的审美活动又是连接这些社会关系并促进其健康和谐发展的有效方法。首先，审美教育使人与社会的关系更加密切，因为社会生活之美是人们审美的高级层次，直接作用于人的内心世界，使其道德情操得到升华，心灵得到净化，在整个社会形成友爱互助的和谐局面。人们身处这种环境中，也才能更好发展。其次，审美教育使人与人之间的关系更加和睦，因为审美活动提高了每个个体的文化修养与素质，在与他人的交往过程中，培养了谦逊、友善的心态。在人人懂得万事退一步海阔天空的环境中，人们往往心情舒畅，不仅有利于他们满怀激情地投入社会实践工作，更有利于他们满怀热情地积极生活，这无疑是和谐社会形成的重要条件。

审美教育促进人的全面发展。中华人民共和国成立以来，一直以人民当家做主为国家发展之宗旨，中国共产党更是自建党以来就把全心全意为人民服务当作立党的根本，中国社会是一个倡导公平正义、消灭一切剥削、人和自然和谐相处的社会。过去几十年的革命斗争，是人民争取自我解放、摆脱压迫、反抗侵略的表现；中华人民共和国成立初期的几十年过渡、发展、调整，是我们遵循社会发展规律、勇于探索和尝试的开端；而今天，改革开放的大潮引领我国各项事业稳步前进，我们仍要在发展中不断改善人民生活水平，建设人民自由发展的平台，这一切都是在为每个个体的全面发展做努力。随着十八大的顺利召开，党和国家新一届的领导集体更加关注和重视人的全面发展问题，并把它放在民生问题的核心位置上。解决人的发展问题，首先要解决人在日常生活中的民生问题，中国梦的践行、和谐社会的构建充分体现着每个个体权利的落实、个人价值的实现及社会价值的充分展示，是党和国家新时期对马克思主义的坚定履行及不断丰富。

第四章　形式审美教育

第一节　形式审美概述

一　"形式""形式美"与"形式审美"

（一）什么是"形式"

在现实生活中，"形式"是一个不被看好的词，人们往往把它当作贬义词使用，产生了诸多对"形式"一词的歪曲理解。而我们这里讲的"形式"，是一个中性词，并且是审美实践中一个很重要的方面。

1. 古希腊罗马美学中的"形式"

古希腊时期的西方美学界就开始使用"形式"的概念，毕达哥拉斯派早在两千多年前就开始研究"形式"，他们通过对世界本体的探究，认为"数"是万物之源，"数理"则是万物存在和发展的基本规律，"形式"是关于存在物"数理形式"的规定性。之后的柏拉图又提出"理式"的概念，认为"理式"是多种事物的形式。他说："我们经常用一个理式来统摄杂多的同名的个别事物，每一类杂多的个别事物各有一个理式。"[①] 再往后，亚里士多德提出"四因说"，认为万物变化的原因均在自身，灵魂是"形式"，存在于躯体中，并将事物潜在的能力和理性连接起来，"形式"就是事物的本质定义和存在方式。

---

① ［古希腊］柏拉图：《柏拉图文艺对话集》，朱光潜译，人民文学出版社 1959 年版，第 55 页。

2. 德国古典美学中的"形式"

德国古典哲学创始人康德探讨了美学中关于"形式"的论述，提出"先验形式"，就是先天存在于人脑中的模式，不经过任何实践的影响。之后，德国古典哲学的集大成者黑格尔则用唯心主义理念构建了他庞大的美学体系，从此"形式"开始与"内容"共同出现，并加以比较。"形式"只是内容的感性显现，"内容"才是客观世界的核心，主宰着精神、理念、思想，但是形式和内容缺一不可，二者共同构成了现实中的各种存在。

3. 20世纪西方美学中的"形式"

20世纪形式美学形成于俄国，"形式"被定义为艺术的本体存在，是1917年维克多·什克洛夫斯基发表的论文《作为技巧的艺术》。之后的格式塔心理学派将"形式"解释为揭示"心""物"之间的"完形"规律，"形式""一方面是毕达哥拉斯学派'数理形式'的延续，一方面充溢着系统和结构主义等现代精神"[1]。再后来的马尔库塞总结西方马克思主义对形式的论述，"指代那种规定艺术之为艺术的东西"[2]。

4. 中国传统美学中的"形式"

"形式"一词对于中国传统美学来说，无疑是个陌生的外来词。我国古代美学中仅有关于"形"的一些描述，主要指"形状""形体""形象"等，并常常是在与"神"的对应使用中出现，如"形神无间""大音希声，大象无形"等。所以，中国传统美学的"形"并不像西方美学讲的"形式"一样，是美的本体或本质，而只是外在形象的表述，并且也没有延伸到形式更深层次的考察上来。

（二）什么是"形式美"

我们要明确美的形式、形式美、形式美学的区别。美的形式是指美这种特征具体到某个事物时的外在表现，比如事物的形状、样

---

① 赵宪章：《西方形式美学》，上海人民出版社1996年版，第20页。
② 马尔库塞：《审美之维》，上海三联书店出版社1989年版，第191页。

式、外形、外貌等；形式美是从美的形式中抽象出的共性的东西，是对美的形象的概括与归纳。美的形式与形式美是个别与一般、具体与抽象的关系，美的形式是具体的、个别的，形式美则是抽象的、概括的。形式美学（formal aesthetic）是关于美的学问，"是广义的关于形式的美学研究"①。

形式可以分为"内""外"两种。柏拉图在讲审美教育时谈及审美教育的主体："第一步应从爱某一个美形体开始，凭着这一个美形体孕育美妙的道理。第二步他就应该学会了解此一形体或彼一形体的美与一切其他形体的美是贯通的。这就是要在许多个别美形体见出形体美的形式……再进一步，他应该学会把心灵的美看成比形体的美更可珍贵。"② 最后达到"彻悟美的本体"。这里的"外形式"，是对美的事物的外在表现及存在状态的规定性，"内形式"则是对美的事物的本质规定。柏拉图审美教育的"三步次序"，一方面说明了"外形式"是事物美的初始阶段，另一方面也表明了他的内外两重性规定，这是他的审美价值取向。后来的黑格尔把这一观点发挥到极致，演绎了内容和形式在美学中的辩证关系，内形式即内部要素的本质联系，外形式即事物之间相互区别的外部感官形态。比如，一首优美的歌曲，它的词曲韵律、布局结构以及作词、作曲者想要表达的感情都属于它的内形式；而我们耳朵能听到唱出来的曲调、能看见歌唱家丰富的表情、能感受到歌词的喜悦或是悲伤，就是它的外形式。再如，一本优秀的著作，它所展现的外形式就是板式、纸张、文字字体、字号大小、插图多少，而内形式则是章节的安排、语词技巧、文章结构等。实际生活中，外形式是我们常常用以审美的重要形式，因为它直接刺激感官，有自己相对独立的审美价值。

（三）什么是"形式审美"

形式审美从普遍意义上讲，就是对事物外在形式的审美活动过

---

① 赵宪章：《西方形式美学》，上海人民出版社 1996 年版，第 4 页。
② 柏拉图：《文艺对话集》，人民文学出版社 1963 年版，第 271 页。

程，从特殊意义上讲是对事物外在物质资料构成及结构成分的自然属性（形状、色泽），以及这些材料的构成规律（比例、结构、均衡）的审美活动。笔者主要研究狭义的形式审美，即研究具有审美特征的事物，但这些事物往往不显露具体内容。例如，《红楼梦》中的《葬花图》，娇弱多病的林黛玉在春花灿烂中捧起一抔抔净土埋葬已经凋落的花瓣，再配着吟唱的一曲《葬花吟》，给人凄凄惨惨戚戚之痛，更生几分怜惜、怜爱，让人觉得好美。而这场景显示了什么具体内容呢？并没有具体说明。只是这种场景的诗情画意、外在形式之美勾起了读者的共鸣，联想到世间万物，何去何从，构成了凄美的画面和情调。又如，我们在装饰房子时，多用不同色彩来粉刷墙体，用不同图案来区分卧室、客厅、厨卫，其实这些色彩、图案、线条是没有具体内容和功能的，但却能使装饰后的房子焕然一新。这就是形式审美的作用。在这里要做以说明的是，形式美往往贯穿在自然美、艺术美、科技美、社会生活美之中，与后四类审美活动相互依存。作为审美客体的审美对象，无论是自然事物、自然现象，还是社会事物和现象，都是客观可感的。而我们可感觉到的首先是事物外在表现形式，因此从一定意义上讲，人与形式的审美关系是诸多审美关系的基础。

二 形式审美的特征

（一）可观赏性

形式审美具有很强的观赏性价值，即审美主体对事物构成各要素的组合方式及色彩搭配引发的兴趣及愉悦的情感体验。每个受众都可能对现实生活中能引起感官感知的色彩、声音、形状等要素产生浓厚的兴趣，这种本能的关注全不在于内容而是形式。形式审美具有很强的观赏价值，源于它的形式，能够不自觉地吸引受众。不论它是不加修饰、天然而成的形式，还是后来艺术家精心雕琢的形式，都具有这样的特点。例如，四川黄龙风景区、陕西华山风景区，无须外力的雕琢，人们无不被自然的神奇手笔震撼。再如，南唐后主李煜的多情诗词，虽无过多的积极意义，却以完美的形式抓住了人们内心深处的呼喊。古往今来，有多少艺术作品以自身独佳的形式美吸引了众人的眼球，成为举世无双的佳作。形式审美的观赏性特征还表现在日常生活的方方面面，如服装、造型、装束、饰品等。在国际通用的外交礼仪上，女士参加正式场合的会议或宴请时，不仅着装上十分讲究，还要注意化上淡妆。此外，身上还要配有一定的装饰品，但数量不能超过三件，这就是满足人们审美过程中对外在形式的要求。

（二）恒久性

审美活动被认为是人类生活的最高需要之一。无论何种社会意识形态下对美的追求永远不会改变，而且审美主体的范围会越来越大，需求会越来越多。虽然在远古社会，受到社会生产力不发达的影响，人们的形式审美活动并没有日常化，但也表露出一些审美的意向。比如古代人用石器制作的饰品，虽然做工粗糙，但在当时的生产力水平下，可以算是审美意识的进步。随着历史的前进、社会的进步，人们对美的欣赏标准发生了改变，对美的评价体系也逐步形成，对美的追求虽是恒常不变的，但不同地域、不同文化背景下的人对形式美的感受却是大相径庭的。比如，对名著《红楼梦》的赏析，在革命战争年代与和平年代就完全不同。革命年代往往以革命文学的标准去评价，这样的作品似乎传递着不思进取、好逸恶劳、风花雪月的思想。但在和平年代，当我们物质资料得到满足时，便会用美学和文学的眼光去衡量它的价值，便觉得它是文学史上无可替代的瑰宝，赞扬在那样一个历史背景下青年男女对封建统治的反抗精神，值得我们学习。

（三）抽象性

书中论述的形式审美偏重于审美客体的外在形式，但并不表示这些事物没有实际内容，只是它所含的内容较为抽象，很难以大众化视觉呈现。艺术家贝尔曾说，"艺术是有意味的形式"，这既表明艺术美不是没有内容的，又说明艺术美的内容是特殊的，是不易被审美主体把握的，带有朦胧的特征，有几分"智者见智、仁者见仁"的情景，没有确定、唯一的规定性。这种抽象性源于以下情况：一是形式审美的心理积淀。人的形式审美特征是在漫长的潜移默化的过程中形成的。审美主体在反复的感知形式美的过程中产生了一种形式审美的心理结构，这种心理结构让形式审美变得敏锐。比如，对图案的构成来说，人们能从不同的图案中感受到不同的情绪、感情。对称图形可能比不对称图形更让他们赏心悦目，圆形让他们觉得圆满、美好等，这是审美实践引发的联想。最具代表性的还是人们对色彩的联想。比如，夏天人们对绿色、青色、蓝色比较青睐，因为天气燥热，这些属于冷色调的颜色能给人心理上"降温"，而冬天就会用红色、黄色、粉色等暖色调来装饰房间，这是生活实践使然。二是形式审美的天马行空、随意联想。形式审美一部分融入了对外界生活的真实描述，以便审美主体更深刻地认识事物；另一部分则加入了创作者自身的情感意愿，故意使用夸张、比喻、拟人的手法。审美主体就需要根据自身掌握的审美规律和实践经验来揣摩。比如，我国的很多自然景观，在千百年的风化中被赋予了多种或是美好或是凄凉的传说，长城便是其中之一。人们在赞叹它的雄伟壮阔之余赋予了它众多的传说，有些认为它是古代人智慧的精髓和勤劳的象征，有些则演绎出"孟姜女哭长城"的美丽神话。正是因为形式审美内容的抽象性和意味性，才留给人们广阔的想象空间。它的内涵是不确定的，因人而异，因事而异。

第二节 形式审美的构成

形式审美广义上讲，是指对具有美的形式的事物进行的审美活动，主要针对事物的外在形式；狭义上讲，是对构成形式美事物的物质材料的自然属性及这些材料的组合规律所呈现出来的美的赏析。形式审美作为一种特殊的审美活动，主要是对自然物质材料及其组合规律的赏鉴，"自然材料"包括声音、形体、线条、色彩，是构成形式美的图案，而"规律"则是将这些材料运用对称、平衡、匀称的法则组合成形式多样、优美和谐的审美客体。形式审美是赏析这些"自然材料"和"规律"完美结合的产物，并由此陶冶性情，升华感情。因此，如果要达到以上描述的审美效果，那么构成形式美的因素一定具有美的特征，构成的规律也一定符合美的标准。我们主要探讨构成形式审美的多种因素。

一 形式审美的构成因素

（一）声音

声音是大自然中很奇妙的东西，诉诸人的听觉，在审美过程中常常发挥着重要的作用。声音通过发音器官的振动以不同的音频、音符、音律、波长短、快慢等因素传达到人耳中，能使人产生不同的感受。单个的音符或音调并不能承载太多的形式美感，但由声音组成的乐曲、旋律、节奏却能打动人。声音作为形式审美的重要方面，有两大因素：一是声音激发审美主体的无限想象，声音的快慢、高低、轻重在不同审美主体的审美活动中传递着大相径庭的情感；二是审美主体将声音对象化的结果，给声音这种外在的形式赋予了丰富的情感因素。因此，声音打上了人类社会生活的烙印，和生活实践紧密相连。

现实生活中，声音除了作为自然存在散落在生活的各个角落，还被人们加以利用改造成为生活的调味剂。比如音乐，就是声音被利用的最好事例，通过音符、音调、乐曲、歌词的完美配合，演奏出令人赏心悦目的作品，不仅能陶冶情操，改变性情，还能成为人们生产劳动之余的娱乐，甚至能激发社会生产的创新。例如，众多伟人有欣赏音乐的爱好，在曼妙的乐曲中放松了心情，有助于他们再次投入紧张的科学实践。再如，我国名曲《梅花三弄》，以独特的形式美表现了梅花洁白无瑕、傲雪挺立的高尚品性，使人们在欣赏中默默体会梅花的顽强品性，激起对自身品格的反思以及对高雅情趣的追求。

（二）形体与线条

在绘图中，点、线、面、体以不同的方式构成了整个图案，图案所呈现的外部形态叫作形体，因此线条是形体的基础构件。凡是具有形式审美特征的事物，都有着不同的形体美，而这些形体美又源于不同线条的组合，这一点我们不难从保存至今的古代伟大建筑中得到详解。从西方世界的建筑来看，无论是希腊式建筑还是罗马式建筑乃至哥特式建筑，建筑本身的外部形态变化取决于构成建筑的线条变化，从直线形到弧形，再到斜线与尖角造型，给人以全新的审美视角与感受。再看我国的古代建筑，譬如宫殿城墙、锦绣园林、亭台楼阁、庙宇道观、都城民居……它们以不同的风格、不同的姿态阐释着中国传统文化的精髓。今天我们再去参观这些建筑时，总有发自内心深处的感叹，赞誉古人的智慧和审美艺术的高超，并从中感受到形式审美的真谛。

在实践活动中，除了基于社会实践需要创造的各种形式美外，还有艺术家专业的创作，一般人的审美实践往往源于现实生活中的具体形象，而艺术家则是通过专业化的形体构图来创造审美事物，更能表现事物的形式美，扩大人的形式审美活动范围。

（三）色彩

色彩同样作为形式审美活动不可缺少的因素，作用于人的视觉，进而达到审美效果。色彩源于人的视网膜和太阳光的共同作用，并不是事物本身带有颜色，而是事物对光的反射、吸收，呈现在视网膜上不同色泽的影像而已。在我们进行形式审美的过程中，色彩也发挥着重要的作用。以色调为例，就有冷暖色调的区别。季节的不同，人们对冷暖色调的感受不同，心情的差异也导致感受冷暖色调的情绪变化，这就是人们常说的，"有太阳的天心情就好，阴雨天情绪就不高"。在人们的日常生活中，对色彩的审美感受还因年龄、性别、地域因素的差异而不同。比如，年龄大的人会对深色、暗色比较青睐，年轻人则喜欢鲜艳的颜色；男士喜欢深色调着装，女士则喜欢亮色服饰。再如，地域差异，影响因素就更多，高寒地区可能多喜好彩色、暖色，热带地区就喜好冷色；少数民族地区青睐鲜艳耀眼的装饰，江南水乡更倾向灰白淡雅的颜色……这是由于色彩刺激人的视觉神经，从而产生的不同感受，进而作用于心理，产生不同的情绪，这种刺激也是微妙的，基于审美主体的后天经验和知识能力积累。

色彩除了以上审美差异外，还有象征性、联想性的特点，比如绿色象征生机勃勃、生命的力量，白色象征纯洁的友情，红色既能象征火辣辣的爱情又能象征革命的激情、生活的热情，金黄象征丰收的喜悦，黑色象征智慧的高深……这些也是形式审美活动的构成因素。

二 形式审美的构成法则

生活中充满了形式审美的要素，但形式审美活动要得以完成，还要依靠各种形式审美规则将各要素组合起来，如齐一与参差、对称与平衡、比例与尺度、黄金分割律、主从与重点、过渡与照应、稳定与轻巧、节奏与韵律、渗透与层次、质感与肌理、调和与对比、多样与统一等，如此排列才能达到审美的效果。以下探讨四种主要的形式审美构成法则。

（一）齐一与参差

人类社会的形式审美活动经历了由简单到复杂、由低级到高级的发展过程，我们清晰可见远古时期各种拥有形式美的客体远达不到现代社会人们对形式美客体的要求，因为人们的审美意识和能力在增强。"齐一与参差"就是最简单的形式审美规则。"齐一"顾名思义"整齐划一"，就是将组成审美客体的各个因素统一起来，按统一规律进行重复组合；"参差"则是将有差异和对立的因素组合在一起，给人耳目一新之感。该原则在审美活动中也时常出现，比如大型的歌舞、体操表演，往往在服饰、妆容、动作编排、声音高低等方面做统一训练，以达到整齐统一的美感。但时间一长，受众难免会有单调乏味的感觉。再如，盆景设计、插花艺术，就讲究参差之美，在"不协调"的搭配中，调节人的视觉感受，获得另一种美感。因此，按照"齐一与参差"法则进行形式审美，能够给人以条理感、次序感。

（二）对称与平衡

"对称与平衡"是最普遍的形式审美规则。"对称"是自然界最常见的一种形式美，是指某一事物的外形依照某一条中心线对称分布的特点，不难想象自然界生长的大部分生物及植物呈现出这种特点，比如植物的叶、花、果实通常是以自身的根茎为中心轴对称分布；动物和人体也有这样的特点，动物的耳、鼻、眼、四肢及人的身体器官多呈现对称生长态势，我们已在潜意识中埋下了"对称是美、不对称则是异常"的观念。因此，人类在创造和改造自然界的万事万物时，往往按照先验的"对称美"来打造其外形。如果说西方世界的某些建筑是依照此法则修筑的，那么中国古代几乎全部的建筑都是按照对称原则修建的，特别是具有封建统治阶级象征的各种宫廷、殿堂、庙宇，不论是外部结构还是内部构成都融会了意义相当复杂的对称美。对称不仅给人安全、庄严的感觉，还带有吉祥、喜庆的含义。

均衡是对称延伸出的另一种形式审美法则，对称要求事物外在表现为等量又等形，而均衡则要求事物等量却不一定等形。常见情况是测量时用的杆秤，秤的两端分别是秤砣和等量物品。从外部形象看，两端物品完全不同形，但在重量上二者确是相等的，这种等量也会产生一种平衡之美感。在一定程度上，我们甚至觉得均衡的不平衡反而可以引起视觉的转换，调节视疲劳，进而调节人们的审美疲劳，均衡就获得了比对称更富美感的特点。

（三）比例与尺度

无论是没有生命体征的物品还是生机勃勃的生物体，它们的构成都遵循一定的比例，按照这个比例协调发展，可见这个比例是多数审美主体认同的，富有一定美感的规则。以人的构成来讲，美学上常用符合"黄金分割"来形容一个人的外形美，"0.618"这个黄金分割比例也被公认为是最具有审美意义的比例数字。如果不符合这个构成比例，就没有太强的美感享受。如果比例严重失调，则会走向美的对立面"丑"。

虽然人类在实践活动中总结出了不少关于审美的规则，特别是对于自身美规则的认同，但是如同"世界上没有两片同样的树叶"一样，人与人之间、事物与事物之间也存在极大的差异。黄金比例只是一个抽象的原则，而实际的把握尺度更显得重要。因此，尺度是对比例的良好补充。由于审美主体所处的环境及自身审美标准的不同，这个尺度也是相应变化的。比如，各民族之间的审美标准差异就很大，东方人欣赏偏瘦的体形，而西方人就喜欢结实肥壮的体形，与此相关的标准差异还有很多，但比例和尺度作为审美法则依然适用。

（四）多样统一的和谐法则

最后我们谈谈形式审美活动的最高法则，即多样统一的和谐法则。这是一对辩证统一的审美法则。"多样"体现事物各组成部分的差异性，"统一"则能够调和这些差异，最终达到和谐。这是我们审美活动中最重要的原则，只有双方相互协调，才能达到人类追求美的最高境界。这一原则表现为两种基本形式。一是对立，比如一曲振奋人心的音乐必定需要铿锵有力的节奏、朗朗上口的词作，这些都需要运用该原则中对立的一面，才能形成鲜明的对比。再如，绘画艺术中为了突出某个人物或事物，就会利用颜色的浓淡进行对比，背景的淡化就突出了主人公的鲜明。二是调和，我们欣赏美时通常已不自觉地带有协调统一的概念。如果仅有对立，整个事物就呈现出不协调的视觉感，因此调和与对立紧密相连，共同促进审美活动的和谐开展。最普遍的例子就是音乐中的和声，每个声部虽演奏不同曲调、不同歌词、不同韵律，但通过和音，使不同的声部达到和谐，最终合成一曲优美的音乐。多样统一体现的是辩证统一的和谐，充分体现着自然界万事万物生生不息的发展，最终促进整个社会的和谐发展，这也是我们审美活动的终极追求。

以上四种是构成形式审美活动中使用最普遍的法则，这些法则随着历史的发展及人类审美意识和能力的提高而不断更新和丰富，也在审美的实践中教育人们的审美观念朝着事物更美、更和谐的方向改进。

第三节　形式审美与大学美育

形式审美和其他审美一样，既是"人化"的产物，也是"化人"的途径，在对大学生的教育过程中，发挥着特殊的作用与功能。由于形式审美具有单纯性、自由性、广泛性的特点，就使其更易深入社会的方方面面，从实践的角度带给大学教育活动更多的价值和意义，主要表现在以下三个方面。

一　强化大学教育活动效果

形式审美拥有独立的审美地位和感性直观的外在形式，使其在教育过程中应用的范围更广，受众更普遍，往往老少皆宜、处处即可。在大学教育活动中，我们通常使用直观的感性形式来讲授抽象的概念和道理，使教育对象更容易理解和接受。"德、智、体、美"并行时，"美"即是"德、智、体"教育的中介和传导工具，故我们在教学过程中常使用"直观教学""形象教育"。这一点在大学教育中表现得尤为突出，特别是应用于大学课堂的多媒体教学工具，集光、声、色于一身，提高了大学生的辨识能力，进而提升了他们的理解能力，利用形式审美教育强化教育效果，达到教育目标。因此，中外教育学家都很重视形式审美教育。西方有"寓教于乐"的传统，中国则有"乐教""诗教"的做法，孔子就很强调诗书礼仪对维护政权及社会稳定的作用，进而有"礼乐相济""美善相乐"的说法。用美的形式表达"善""礼"的内容，达到内容与形式的统一，是教育活动的最佳预期效果。人们常说，"熟读唐诗三百首，不会作诗也会吟"，特别适用于对大学生的教育。现代教学课堂中，教师仍然要求学生反复诵读一些名言名句，无非先要他们体验作品的外在形式美，其次熟悉作品的创作法则，再通过体验和运用把握作品所富含的情感因素，引起学生感情的共鸣，一者美化心灵，二者强化美的欣赏力。《唐诗三百首》的编者蘅塘居士就在其题词中讲："因专就唐诗中脍炙人口之作，择其尤要者，每体得数十首，共三百余首，录成一编，为家塾课本。俾童而习之，白手莫能废。"（《唐诗三百首》题词）总而言之，形式审美教育以其形象鲜明的直观感受丰富着大学生的审美感受力、想象力和创造力，从外在形象上感化着他们的感官，进而触及内心深处的灵魂，达到良好的教育效果。

特别是形式审美具有抽象性的特征，说明其活动必然依靠学生高度的想象力和强大的概括能力才能完成，因此在形式审美实践中，学生的大脑逐步被开发，从最初"美的形式"的欣赏到后来总结形式美的特征，最终促进形式审美优化以及人脑的不断完善。例如，在盆景艺术中，我们常常进行形式审美，在盆景的外形不影响其生长的前提下，人们便展开了丰富的联想，把枝叶修剪成各式自己喜好的外形，给盆景艺术增添新的活力。再如，根雕艺术作品也是如此，一根粗壮的木头可以制成很多物品，除了日常生活使用的桌椅凳外，还可以被艺术家们雕刻成栩栩如生的根雕作品，原本没有内容含义的木头转瞬间有了艺术的气息。这些动脑动手的形式审美活动，不仅创造着无限美的生活价值，还使大学生在创造过程中不断思考，不断发挥自己的想象力，收获更多有社会价值的知识文化。除此之外，这些形式的因素有规律地组合成具有美感的事物。我们在抽象出事物本质美感的同时，还必须将美的因素概括归纳起来，成为审美活动的指南，这也就锻炼了大学生的概括能力。

二 提高大学生的生活质量

审美虽然是社会生产力发展后才逐步扩大化的活动，但爱美是人的天性，日常生活、生产劳动、社会交往都被打上了"美"的印记，形式美从外在感官入手促进整个大学教育活动朝着向往美的方向发展。从以往生活水平低下导致的"衣不蔽体"到现在生活水平的提高，仍然有很多大学生穿起了"露骨"的服装。我们仔细分析这并不是社会停滞不前，而是社会进步、生活质量提高后审美观念变化的结果。"衣不蔽体"是生活质量差的表现，而今生活质量提高后，思想开放的大学生开始追逐自身外在形体的展现，甚至认为"露骨"能显示自己独特个性的外在美，因此这不是一种落后，而是一种进步。生活质量不仅包括物质方面，更重要的是精神方面，当物质层面得到满足后，人们就迈向精神层面的追求，形式美就显示出得天独厚的优势。对于大学生的审美教育活动来讲，这种外在形式的美感以及内在美法则的运用，不仅是教育者施教的工具，同时美化着受教育者的心灵，是大学生对美好生活的追求。大学审美教育活动离不开大学生的参与，大学生又离不开衣食住行等基本生活需求，这方方面面都包含着对各种形式审美法则的运用。比如，服饰装饰、美容美发等。此外，通过形式审美教育，还能增加大学生对某种或某几种艺术技能的掌握与兴趣，扩大其精神生活范围，物质生活和精神生活的满足反过来又促进大学生生活质量的提高。

三　提升大学生的文化品位

形式美抽象、朦胧的特征，常常留给人广阔的想象空间。正是这自由的氛围让形式审美教育拥有了提升大学生文化品位的功能，他们在其中充分发挥自身能动的创造力，既有对现实生活的讴歌与批判，又有对未来生活的憧憬与期待；既有对物质文化生活的满足，又有对精神文化生活的提升。例如，在大学生选修课程时，越来越多的学生开始选择与艺术相关的一些课程，如中西方美学鉴赏、中西方绘画艺术、中西方文学选读等，甚至有些学校的艺术专业还开设了类似于陶艺这样动手性很强的艺术课程，可见大学生在审美活动实践中，对艺术的追求以及对中西方文化的兴趣。这是文化品位不断提升及文化多元化发展的结果。除了中国对外来文化的融合与发展外，许多中国的国粹得到了外国人的青睐。比如中国功夫，它不仅是力与美的完美结合，更是一种刚正不阿精神的体现。"站如松，坐如钟，行如风，卧如弓"，这是形式美作用于我们的感官世界所激发的情感共鸣。我们可以通过这些美的形式来教育大学生，熏陶他们的意志品行，培养爱国主义情操，形成公平正义的理念和坚贞不屈的品质。现实生活中，大学生的审美范围和兴趣点是有限的，多集中于对流行事物或是嘻哈文化的追随。只有通过一定的审美教育活动的文化感染力，在潜移默化的熏陶中改变他们对文化的追求，使其文化品位不断提升。艺术修养是大学生自由精神的展现，更是文化品位的体现。

此外，单纯性特征使审美活动带给人美的感觉，没有过多复杂的社会情感因素，仅仅从事物外表进行美的感受和体验，不会形成繁复的审美心理，仅仅是人类在审美活动中最本真的喜欢、快乐、悲伤、愤怒等情感。比如，线条、形状、色彩、声音等，审美主体在审美活动中的感受往往比较纯粹，虽有个体差异，但并不带有社会情感，只是个人在实践过程中的经验不同导致的差异。比如，对音乐的欣赏，轻柔、悦耳的曲调和唯美、诗意的歌词在不同欣赏者的眼中都是美好的享受，能使他们心情愉悦、精神放松。这种享受可能对于不同个体的作用不同。有些个体情绪激动，听了音乐平复了心情；有些个体情绪悲伤，听了音乐舒缓了心情；有些个体情绪一般，听了音乐愉悦了心情，可见这种纯粹的美感体验能净化人的心灵，淡化不良情绪带来的危害。又如，对自然风光的欣赏。近年来旅游热潮一浪高过一浪，很多上班族在繁忙的工作之余总会在节假日走出家门，去自然界感受美妙人生，放松紧张心情，这也是形式审美的教育意义之一。社会生活随着经济生活的发展，变得紧张有序，每个学生都在拼命学习各种知识技能，考取各类证书，获得各种奖励，以图毕业后能更好地就业。很多时候他们无暇感受生活之美，过大的就业压力产生了极其不好的负面心理，道德滑坡、报复社会的现象时有出现。形式审美活动单纯的审美心理，在一定程度上可以平复大学生的心情，净化其心灵。在压力之余去感受自然风光最纯粹的美，缓解压力，情绪得到释放，这是形式审美活动提升人们文化品位的表现之一。

形式美源于客观世界，并随着人类社会的发展而不断丰富，不但能给大学生以感官美的享受，更能促进其在实践中创造更多美的价值。对形式美的审美活动，也不同于其他审美活动，无论我们是对艺术品外在美的欣赏，还是对有机生命外部形态美的赞赏，都源自人们内心最本真的冲动与感性判断，是最易感化和熏陶的部分。对形式审美活动的教育，就是基于形式审美活动的多个特点，因为形式美是最易打动大学生心灵深处的最纯粹的美，在这一环节施加教育活动，能收到较好的教育效果。而这一教育活动，不仅使受教育者得益，还能同时美化教育者的自身心灵。文学作品洗涤大学生心灵，激发其奋斗之勇气；美术作品陶冶大学生情操，平复其消极情绪；雕塑作品美化大学生感官，提升其审美品质……因此，我们在日常教育教学实践工作中，要重视形式审美活动的应用，并且用发展的眼光看待形式审美，丰富其内容及教育手段，使形式审美教育落到实处，发挥真正的作用。

第五章 自然审美教育

第一节 自然美的形成和特征

自然美是现实生活中最普遍的一种审美现象，是自然事物、自然现象及其关系呈现出的美。自然美无时无刻不呈现在我们的面前，最贴近我们的生活。

一 自然美的形成

自然美源于自然界的万事万物，但对自然美的赏析及审美活动却源自人类社会出现之后。日月星辉、花鸟鱼虫、江河湖泊虽各具特色，但没有人类发现美的眼睛，记录美的双手，描绘美的语言，它们始终没有美的价值存在。然而，人类发展之初与自然界却是矛盾的，生产力低下的原始人类只是在利用自然为他们创造的一切有利于他们生存下去的食物、居所，却从未有过欣赏自然、赞美自然的情愫。随着人类社会实践的进步及生产力的发展，自然美才开始逐渐被发现，乃至被开发推崇。自然美的产生，除了自然界本身的属性外，还必须具备以下三个条件。

第一，人类生产实践的改造，使自然界万物打上了人的本质力量的烙印，从而拥有了审美价值。在远古时代，我们处于被动的"靠山吃山，靠水吃水"的生存状态。泛滥的江河不是人们欣赏的壮观美景，而是危及人类生命的山洪猛兽；崇山峻岭不是人们赞叹的逶迤，而是阻挡人类前进获取更多资源的拦路虎。马克思说："自然界起初是作为一种完全异己的、有无限威力的和不可制服的力量与人们对立，人们同它的关系完全像动物同它的关系一样，人们就像牲畜一样服从它的权力。"① 生产力的低下导致人与自然界处于相互对立的地位，人们畏惧自然的威力，也就不可能产生欣赏自然美的情感。被治理后的三峡大坝，不仅蓄水发电为人类社会生产创造条件，而且优美壮丽的江河景色、气势恢宏的大坝风光，吸引了众多观赏者的眼球；隧道的打通不仅为人类出行、货物运输提供了必要的条件，也开始转变人们对自然的惧怕，在翻越崇山的同时欣赏其壮美，感受其巍峨，领略自然的神奇与美丽。正是因为在"人化自然"的过程中渗透着人的智慧、科技的力量，处处体现着人类最本质的力量，我们才能感知自然之美。

这种力量被马克思称为"人化自然力"，指通过人类的生产实践活动，同自然界发生关系，改造自然的同时，留下人类历史发展的深刻烙印。人们在改变中得以展现自我，获得审美的愉悦，这才是自然美所具有的深刻意义和存在价值。

第二，人类认识了自然规律，自然物与人类生活关系越加紧密，成为人类审美对象的一分子。在实际生活中，自然界万物不是每一种都要经过人类实践的改造才会产生美感，也不是每一物种都要狭隘地与社会功利相联系才会产生价值，我们在对自然界的欣赏中往往不含任何目的性，因为自然界在人类活动发展到今天已历史地成为生活的一分子，成为我们的好伴侣、好搭档，人与自然和谐相处也成为陶情畅神的一件美事。

在远古社会，人虽然生存于自然界中，但由于认知水平有限，既不能很好地利用自然，又没能与自然发生更多亲密的关系，把它看作自身生活的一部分。随着生产力的发展，人的各种能力逐渐被开发出来，由此拓宽了人的视野，自然物逐一进入人的生活范畴，成为人类可亲的生存伙伴，也成为人类审美的对象。

我们今天所能欣赏到的自然美景如此繁多，主要是因为自然界与我们的生活联系越来越密切，人类与自然的关系也趋向和谐与友

---

① 《马克思恩格斯选集》（第 1 卷），人民出版社 1995 年版，第 81—82 页。

好。我们在自然美的鉴赏中，往往充满了美好的情愫，因而看到的景象兼具自然之天成与情感之融合。月色的朦胧是气象的变化，但观月思乡、缅怀故土则是人们情感的抒发；绚丽的花朵是自然的使者，而把各色花朵赋予不同的花语，则是人与自然情感相融的体现；高山流水本是天然之作，但借此抒情达意、寄寓情思，则是人化自然后情感的抒发……文学作品的表达手法里常用"移情"二字，人们看待大自然也常常不由自主地"移情"，正如车尔尼雪夫斯基所说，"人一般都是用所有者的眼光去看自然，他觉得大地上美的东西，总是与人生的幸福和欢乐相连的"①。不同的自然景观也会给人带来不同的情感体验，广袤的草原使人心胸开阔；奇峰怪石让人遐想联翩；江边垂柳让人依依不舍；潺潺溪水使人情愫绵绵……自然物已走进人们的生活，人们总是把它们的发展与特定的生活联系在一起，因而给予我们无限的审美可能。

第三，自然物成为人类精神生活的象征，从而显现出审美意义。正如上文讲的"移情"，主要是因为自然物的某些特征同人的情感产生"异质同构"，这在中国的古诗词中表现极多。比如，李白的《静夜思》中讲"举头望明月，低头思故乡"，映射着静谧的夜晚，明月当空，诗人思乡的情怀，实际上这也是有缘故的。之所以有明月，是因为夜深人静、天气晴朗，而人们能看见月光是借助太阳的光，所以月光幽暗，这些自然之景又会勾起人的种种情思，才有了那么美的诗句。

再如，自然界多种生物具有的特殊生存本领也成为文人墨客笔下喻人的美好意象。比如，古人酷爱的"四君子"——梅、兰、竹、菊就是取其淡雅高洁之品性，喻高风亮节的人格精神。梅花盛开于严冬腊月，是最冷的时节，万物皆眠，百草不生，可梅却傲雪而开，正是不畏严寒、正直不屈的形象。兰花星星点点散落在草丛中，花开并不艳丽却洁白无瑕，隐匿于幽暗处，正是谦谦君子能容小人的形象；竹枝挺拔有节，并肩丛生而无杂木，著名画家郑板桥

---

① 车尔尼雪夫斯基：《生活与美学》，人民文学出版社 1959 年版，第 10—11 页。

酷爱画竹，曾有"咬定青山不放松，立根原在破岩中，千磨万击还坚劲，任尔东南西北风"的题诗，赞美竹身处逆境而不屈不馁，对抗恶劣的自然环境以自身的刚正不阿来赞誉世间那些有气节、有傲骨的铮铮君子。菊的意象美就更加明显，盛开在秋天的菊往往因季节的变化在寻常百姓眼里寄托着淡淡的哀思，这也是菊所显露的品质，没有牡丹的雍容华贵，比不得君子兰的傲视清高，在秋天片片叶落、气温转寒的过渡中，绚丽开放，没有更多的要求，只是默默地、静静地充当人们缅怀故人的良友。

由此种种我们不难看出：自然美与人类生活及生产劳动息息相关，是人类历史发展到一定阶段的产物，这也体现着上文所述的"人化自然"的过程。自然之所以具有审美的内容及被审美的可能性，也是因为人在长期的生产实践中，拥有了审美的本质力量，并不断强化，才能逐步完善对自然美的发现与赏析。因此，自然美的构成离不开两大要素：一是自然物自身的某些自然属性，二是人的本质力量能够对象化到自然物上的社会实践活动。

二 自然美的特征

自然美的构成，既包含其自身的自然属性，又包含与人类社会实践紧密相连的社会属性，其特征主要表现如下。

（一）独特性、多样性

自然美可以说随处可见，因为它是分布最广的一种现实美。从无生命特征的无机物到有生命的动植物，小到生物体的每一个细胞微粒，大到宏观宇宙的巨型天体，都展示着它们形态各异、多样变幻的美。这样的美是纯天然、无须任何加工的，也是其他美无法超越的。黑格尔曾给自然美很高的评价，靠单纯的模仿，艺术总不能和自然竞争。它和自然竞争，那就像一只小虫爬着去追大象。

自然之美美在自然，既是人工无法模仿的，也是人工所叹为观止的。自然美以其纯天然不加修饰的本色吸引着人们的眼球。拿山川之美来说，我国有大小各异的名山不计其数，最负盛名的当数五岳。东岳泰山为五岳之首，也是古代封建帝王膜拜祭祀的首选之地。泰山之雄伟壮阔使人领略到自然造物的神奇；西岳华山则是以奇、险著称于世，去过华山的游客无一不被其险峻的山势所倾慕，游人从夜半开始登山，趁日出前登顶观赏，自然之神韵一览无余；南岳衡山古木参天，终年常青，与奇花异草相伴，是人们留恋的"天然氧吧"；北岳恒山山势陡峭，沟谷深邃，但幽僻静雅的地理特征也造就了其神秘之感，引人入胜；中岳嵩山除其山体之美之峻外，还具有一定的政治、文化、宗教意义，与少林紧密相连，成为人们审美的又一目标及内容。

（二）多变性、多义性

自然美的多变性受许多自然条件及人为因素的制约，具有多重审美特性，这些造成自然美多变性特征的因素主要有：第一，自然界多种事物相互映衬、相互融合呈现出美。"山得水而活，得草木而华，得烟云而秀媚"，如果是孤山一座，它的美就会大打折扣，但也就因为山、水、云、烟相得益彰的配合与融洽，使得自然美往往会因其中某个或某几个因素的变化呈现出不同的景象。第二，自然美也会受到自然界气候、时节的影响，展现其多变性的一面。气候节气的变化是任何人力所不能改变的，春华秋实、寒来暑往、潮起潮落，都是大自然最淳朴、最真实的表现，人们由衷地赞叹如此自然神力。明媚鲜艳终会被艾草枯黄所替代，绿草葱葱的盛夏终因一场秋雨一场寒而变得枯萎凋零，但这些不妨碍人们对一年四季自然之美的欣赏。第三，人化自然之美。自古就有人类开山修路、填海造田、移花接木等改造自然的活动。如今随着科技的进步，自然美与人工美相结合的创造更是数不胜数，即使未受到人工的改造，某些自然景观也会因人类社会、政治、历史的变迁呈现出不同的审美特征，这也是自然美多变性特征的主导因素之一。

同时，自然美的多变性也引发了它的多义性特征。多义性就是指同一景物在不同条件下美的表现各不相同，这也引发了人们对美景的评价褒贬不一，对美的理解千差万别。例如，对月亮的感悟，从外在表象看人们往往观月思乡，寄托背井离乡之哀思，这和上文我们提到月亮冷光的特征有关。但如果换一个角度，一对情侣结伴而行，在皎洁的月光下互诉情思，在他们看来，月光不仅是彼此真情的见证者，也象征着爱情如纯洁月光般干净无暇，不容玷污。再如，古往今来，众多诗人写诗赞誉梅花不畏严寒，独自傲雪开放。毛泽东主席曾有《卜算子·咏梅》一诗讲道："已是悬崖百丈冰，犹有花枝俏。俏也不争春，只把春来报。待到山花烂漫时，她在丛中笑。"但现如今，也有人认为梅花象征性格孤僻、不合群亦不合时，是一种妄自尊大、目中无人的表现，这就是自然美的多义性。

（三）寓意性、象征性

如果说自然美的其他特性兼有自然的客观必然性和人类实践的能动性，那么自然美的寓意性就完全表现着与人类活动相关的内容。车尔尼雪夫斯基说："构成自然界的美是使我们想起人类的东西，自然界没的事物，只有作为人的一种暗示才具有美的意义。"①因此，我们常常拿自然界中最美妙的事物、景物比喻人生、心境，赋予自然之美新的活力。

花朵是自然界中最普遍的植物之一，其门类、品种数不胜数，但从外观我们只是对其颜色、形态、味道进行简单的辨识，在实际生活中，由于人类实践活动的介入，不同种类的花又被赋予了新的思想内涵。红色的花朵给人以热情似火的感觉，所以喜庆的场合，我们往往以红花点缀；白色的花朵清晰淡雅，纯洁无瑕，常常用来比喻高雅之士或淡泊名利的隐士；黄色的花朵灿烂夺目，是丰收、成功的象征……自然的颜色加之人们富有感情的思想，立刻呈现出鲜活的场景，也使人们在对自然的审美中，寄托情思，升华感情，净化心灵，抚慰灵魂。

（四）重形式

自然景物之所以能够带给人们深刻的审美印象，激发人们强烈的审美情趣，主要在于它的外在形式，如形态、颜色、声音、线条等，这些最直观的因素往往作用于人的感官，形成所谓的"第一印象"，生动而鲜明，是审美意识开启的原动力。即便是自然界的一

---

① 车尔尼雪夫斯基：《生活与美学》，人民文学出版社1957年版，第10页。

些对人有害的物质，因其独特的外在形式美，同样成为人们审美的对象。在非洲南部生活着一种蝴蝶，外形非常美丽，颜色碧蓝，很吸引人的眼球，但其体内含有剧毒，不过仍然成为许多蝴蝶爱好者捕捉、制成标本的佳选。再如，植物罂粟是制取鸦片的主要来源，是人们谈虎色变的禁品，但罂粟开花时绚烂华美，是一种很漂亮的观赏植物，近些年来经过改良的罂粟花已作为观赏花卉被移植公园、广场，用来陶冶人们情操，美化生活环境。足见，自然物的形式美是激发人们审美情感的主体，一旦失去了外在形式，自然美也就不复存在了。

第二节　自然美的主要形态

自然美与人类生活生产实践息息相关，并呈现多彩美感，因而根据其与人类生活的相关度将自然美的形态分为三大类：第一大类是未经人类开发或极少开发利用留下痕迹的自然风光，如浩瀚的大海、嶙峋的山岱、碧蓝的天空、璀璨的星河；第二大类是经过人类生产实践加以改造后的自然景观，如湖泊、水库、花卉、防护林等，在自然的基础上融入了人工的智慧；第三大类是人作为自然界的一分子，其本身的体态、容貌、姿态也是我们审美的对象。

一　自然景观之美

随着人类城市化的不断推进及高新技术产业的不断发展，人们几乎生活在完全人工的环境里。人本天然，在这样的环境里，人们得不到身心最全面的放松，他们渴望寻找一片最自然、纯净，未加任何人工开发的理想境地，而自然景观之美正迎合了现代都市人群的心理，激发着人们心底最纯真、最质朴的情感需求及审美意愿。

自然景观之美有着丰富多彩的表现形式。从时间上讲，温暖的阳春、酷热的盛夏、丰硕的金秋、皑皑的寒冬，不同的季节气候变化也带给人不同的审美感受；从空间上讲，海洋、湖泊、陆地、天空、宇宙之美也给人带来不同的感受。虽然自然景观之美千差万别、千变万化，但根据其总体特征，我们将从两种不同类别来加以欣赏，一种是博大、浩瀚、壮阔、奇险的壮美，一种是静谧、细腻、恬淡、幽雅的秀美。气势恢宏的壮美往往与人微小的身体感受形成强烈的对比，在长时间进行室内工作后让身心都得到开阔的释怀，这便是人们在旅行度假时常常选择一些视野开阔的自然景区的原因。例如，一望无际的草原，天空湛蓝，一眼望去，远处的天地已连接在一起，奔驰的牛、羊、马群打破了静谧，人在这辽阔的空间里与自然零距离，一扫心中的积郁，得到全面的放松。再如，高山峻岭、悬崖峭壁，虽然充满了未知的恐惧，但当人们征服了自身心理障碍，站在山峰最险处时，总会有一种油然而生的愉快，这是对自然界的博大产生的敬仰之情。与此相比，静谧祥和的秀美则展现着大自然的温柔婉约，高科技带来的现代化生活虽然充满了物质上的享受，却让大多数人感觉到压抑、烦躁，工作之余的休息变得异常重要。秀美的自然风光，如小河、月光、鸟鸣、花开等，从形式上给人以和谐、平衡、不突兀的感觉，让心静下来享受生活，享受自然，让性情在幽雅的环境中变得恬淡、适宜。

无论是壮美的自然景观还是秀美的自然风光，都可以使人在快节奏的工作生活中获得放松，精神世界得到净化，这是我们欣赏与赞扬自然美的根本原因与目的，因而保护自然也是每个人的义务与责任。

二 人文景观之美

所谓人文景观，是指人类社会发展过程中那些经过了人工改造或留下了人类活动印迹的自然景观，这些景观不但综合了自然风光美的特征，还融入了人们对自然景观审美的意志和认识，兼具自然景观美和人文景观美的双重特征。

人文景观之美可以归纳为两大类，一类是经过人们生产劳动加工的，另一类是经过人们艺术劳动加工的。马克思说："劳动创造美。"生产劳动为我们创造了各种生活必需品，包括衣、食、住、行、用五大类，在创造与加工中，人们获得了欣赏自然美的愉悦。

拿我们生活之必需品来说，自然界动植物的生长为我们提供了丰富来源，但在这个生长过程中，也融入了人类大量的审美意识。比如，北方民众种植的梯田，一方面适用于北方缺水的自然环境来涵养水源，另一方面也迎合了人们视觉审美的需要。艺术劳动更是为了满足人们自身精神的需要和审美享受才对自然景观进行加工和改造的。比如，形态各异的根雕、盆景，取材于大自然，经过人类大胆的艺术想象与设计，呈现出另类自然美。再如，摩崖石刻、石碑石画，同样是重要的人文景观，同样取材于自然。由于人类历史发展的需要以及政治、文化因素的影响，自然物印上了人文之美。再比如，人们除了对自然植物和景观的改造外，更将艺术的审美意识应用到对自然动物的培育和养殖上来，最常见的是家庭观赏鱼的养殖。人们给各色鱼配上玻璃缸，加上绿色水草，铺上白色的雨花石，活灵灵一幅海底世界图，使人赏心悦目，成为家里一道亮丽的人文景观。

三 人体自然之美

人是自然界的高级产物，是沟通自然界与社会的桥梁，因此人兼具自然美与社会美。自然美体现在人的身体体形上，包括肤色、形体、姿态、动作等，而社会美则体现在人的内心品德、信念、意志等方面。人体所展现的自然美特征是我们本书要讨论的重点。

人的身体形态既是自然的客观产物，又是经过人类社会数万年的发展进步逐渐进化而成的，并且在生产实践的过程中不断趋向协调和美丽。例如，人身体的许多器官如眼睛、眉毛、鼻孔、四肢等都对称分布，构成视觉上的和谐美感。人是直立行走的动物，其 S 形的身体线条呈现出与其他动物不同的美，因此人的形体美是最高的自然美，也是人所能审视的宇宙空间中最美的存在。

如同人们对其他审美事物的追求一样，他们对人体美的追求也是由来已久的。从远古时代的崇拜到原始社会的图腾文身，从封建王朝各种纷繁复杂的饰物装扮到现代社会推崇的健康美、裸体美。尽管时代的变迁改变着人们对自身美的追求标准，但是这种追寻美

的意识是未变的。对于人体美的界定，人们也总结出一些标准化的
判断依据，比如黄金分割比例。无论是达·芬奇的人物画像，还是
罗丹的人物雕像，都体现着人体各器官比例的协调。然而，这个统
一的标准只是人们心中理想的展现，不同群体对这一标准的量化却
大相径庭，这样的例子数不胜数。不同年龄、不同肤色、不同民
族、不同地区，对人体美的审美标准不太一样。老年人追求健康之
美，青年人追逐性感之美；少数民族喜欢穿戴民族饰物，在身体上
印出民族特性，而汉族则没有这样的审美需求……尽管人们对身体
美有着不同的看法，但在目前社会环境下，一般来说男性以雄健挺
拔为美，女性以曲线柔和为美，已是普通人的共识。当然，人体之
美不仅是先天遗传的，也是经过后天运动锻炼塑造的，因此在后天
的成长过程中，我们应重视对身体美的塑造，树立健康的审美
观念。

第三节　自然审美与大学美育

一　自然审美对大学美育的意义

对自然美的欣赏已成为现代人生活的一部分，是人们在繁重的
脑力和体力劳动之后，身心得以放松的必要手段。特别是对在校大
学生来说，欣赏自然、热爱生活、积极学习、投身社会事业，才是
他们受教育的最终目标，也是我们教育成功的关键。因此，对自然
美的审美教育，不但具有放松身心的功能，更重要的是教会学生欣
赏自然美以陶冶情操、热爱自然美以积极向上的态度走好人生路。

大学生是未来国家建设、社会发展的主力军。他们不仅掌握着
科技社会发展的先进知识技能，还是经济社会发展最具创造力、最
年轻活跃的因素。他们热爱生活，积极上进，追求美好，这也包括
对美的向往。自然美就如同青年学生一般，纯洁、浩然、健康，因
此，我们对大学生的审美教育首先应该从自然美的赏析入手。例如
组织一次全体师生的郊外野炊，在阳光和春风中尽享大自然之美，
在欢愉的气氛中尽赏春花灿烂、春色盎然，这比一堂呆板空洞的

"审美课"更能调动学生追求自然美的情绪。其次，用自然美的纯洁感染学生，让他们的生活充满上进的正能量。青年大学生处在成长发育的重要阶段，健壮的体格、健康的心态是他们走向成功的必备条件。通过欣赏祖国大好河山，以激发他们的爱国热情；通过参观名胜古迹等人文景观，激励他们奋发向上、不忘历史；通过感受四季美景，亲近自然界万事万物，引导他们懂得生命珍贵、时间宝贵，要在有限的时光中创造出更多有价值的东西，让生命绽放光彩。

二　自然审美的美育途径

正确积极地欣赏自然美对大学生的生活学习有着至关重要的意义。因此，作为教育工作者，如何教会大学生对自然美进行赏析，也是当前开展教育活动的一项重要工作。

（一）把握时机，善于捕捉和发现自然美

自然美既是永恒存在的，又是瞬息万变的。我们虽然很容易就可以欣赏到自然界瑰丽的风光美，但又只能在特定时间、时节欣赏特定的自然风景，因此对自然美的欣赏首先要注意气候、节令的变化。比如，许多自然美景可观赏时间十分有限，如雨后彩虹、海市蜃楼、钱塘江潮汐等景观，虽是自然奇观，但其出现的时间都很特殊，需要我们把握好时机。再如，对一些植物的观赏需要了解相关学科知识才能知道何时为最佳观赏时间，深受文人墨客喜爱的梅花，虽质地洁白无瑕、品格高尚，但其开花时间却在寒冬腊月，如果抵不住严寒必定欣赏不到梅的美丽。我们在对大学生进行审美教育指导时，恰恰可以梅花为例，先给他们普及梅花生长、开放的植物学知识，然后等到开花的时节带他们去亲自领略在风雪中独自开放的胜景，使他们对梅的认识由僵硬的课本理论上升到栩栩如生的实践体会上来。这种对自然美的欣赏、喜爱、尊敬是油然而生的，不夹杂任何强制性因素和说教的成分，更能打动学生，成为其学习的榜样。

其次，对自然美的欣赏空间角度的选择也很重要。我们在观赏

自然景观时往往夹杂着丰富的个人情感，所以每个人会选择不同的观察角度，并形成不同的景观印象，角度的不同呈现出不同的自然美。如庐山之美美在各个层面，"横看成岭侧成峰，远近高低各不同"；云南石林天然而成的石料堆砌在一起，形成了美丽动人的石像。自然界有多少鬼斧神工创造了审美的人间极品。我们在对大学生进行审美指导时，也要从不同侧面加以引导，让他们形成多角度观赏自然美的思维意识，进而发挥想象力，尽情地感受自然的神奇魅力。

（二）将自然美的欣赏与人文美结合在一起

我国是世界上"四大文明古国"之一，几千年的传统文化塑造了中华民族光辉的大国形象，也为它的炎黄子孙留下了宝贵的文化珍品，因此我们在欣赏自然美时一定要将其隐含的历史价值融入其中，让大学生有更多有意义的审美体验。例如，对五岳名山泰山的游览，除了旖旎的风光、险峻的地势、形态各异的庙宇外，我们更要了解的是泰山所承载的历史、文化、政治背景，这样才能明白泰山被称为"五岳独尊"的深刻原因。对大学生的审美指导也应从历史入手，加以自然风光美的欣赏引导，让他们在游览中不仅领略到祖国大好河山的壮美，更为中华民族悠久的历史而自豪，如此产生的审美情感更加真实可靠。

自然美的欣赏若要与人文景观美融合在一起，除了掌握一定的历史文化知识外，还要培养大学生的文学素养和美学修养，因为自然美也需要我们拥有一双发现美的眼睛。而我国从古至今留下来的大量的诗词歌赋，就成为自然美的最佳解说词。江南风光究竟美不美，白居易《忆江南》中的"日出江花红胜火，春来江水绿如蓝。能不忆江南？"给我们展示得淋漓尽致；春天柳絮纷飞，处处洋溢着春的气息，贺知章《咏柳》中的"碧玉妆成一树高，万条垂下绿丝绦。不知细叶谁裁出，二月春风似剪刀"带我们走进春天的童话世界里；杨万里的《小池》中，"泉眼无声惜细流，绿荫照水爱晴柔。小荷才露尖尖角，早有蜻蜓立上头"，又为夏天的美妙景象书写了优雅篇章……这些诗词也是我们进行大学生审美教育指导的蓝本，诗中对自然美描写得绘声绘色，不仅引人入胜，还能调动人的通觉，使人获得全身心的审美享受。

（三）充分发挥审美想象力，融情于景

自然美美在其外部形式，我们进行了详细分析，感受自然美的形式美主要取决于我们的感官及丰富的想象力，因为这些形象美有些与我们的生活经验相关，有些与我们的理论知识相同。只有通过感觉器官先在头脑中形成自然景观的初步印象，再经过大脑的深加工，应用联系、想象、发散等逻辑思维去体验自然美之特征，最终达到情感的升华。

想象是人的一种自然本能，但也因个人后天成长环境的不同、接受教育的不同而不同，因此在进行大学生自然审美指导时应抓住对他们想象力的开发、启迪，这也是我们训练中最具空间的环节。对自然美的想象是丰富多彩的，主要可以从三大方面对学生进行指导：一是由物及人，由自然景物联想到人的情感世界，融情于景，物我一体，自然与人达成了和谐的最佳状态。《红楼梦》中这样的场景不胜枚举，林黛玉的一曲《葬花吟》感染了多少读者，落花无情，唯有掩之于净土中才求得了一世清静。花谢花开本是自然平常之事，但如果你在欣赏中投入了丰富的感情体验，拿"花谢花开"来讲，既有人为之流泪叹息，也有人转换思维，吟出"落红不是无情物，化作春泥更护花"的诗句。因此，我们在进行大学生自然审美教育时，应该引导学生充分联系自己的实际生活，展开联想，这样不仅能开阔视野，欣赏更多动人的美景，又能陶冶情操，升华情感。

二是幻觉性联想，这种联想是人们看到自然景观后所触发的独特心理，比如对过往经历的回忆，或对未来的无限遐想，或如深入梦境般的冥想。青年大学生是充满生机活力的一个群体，他们不仅对现实有着自己深刻的认识，也对梦想有着无限憧憬。我们在进行审美指导时可以抓住这一特征，引导他们观景、抒情、联想，升华情感。这种联想在诗人身上表现得尤为突出，他们的创作往往需要各种超乎寻常生活的幻觉性联想，大学生应该学习这种追寻自由梦想的精神状态，在自然审美中获得理性的解放，去创造更加美好的生活。

三是形态联想，这是最简单、最有效的联想方式。这类联想通常以自然景观的外在形态为蓝本，充分发挥人脑机能，从简易的形态联系到日常生活中的人和事，获得感官上的审美满足。类似的自然景观随处可见，比如我国黄山的"迎客松"十分有名，实际在许多山脉上长有"迎客松"，这是受自然环境及地势地貌的影响，树的枝干向阳光充足的一侧倾斜，久而久之形成了外观形似弯腰伸臂迎客的样子，人们便联想到"迎客松"这样一个拟人化的名字。大学生是充满想象力的一代人，我们在进行审美指导时应留给他们更多自由的想象空间，不拘于形式或理论，这样既能引导他们积极审美，又能锻炼他们丰富多彩的想象力，为其他科学知识的学习培养逻辑思考的能力。

自然美随处可见，但需要我们带着发现美的眼睛，追求美的心灵，才能真正领略其中的奥妙。青年大学生是美的使者，不仅要欣赏美，还要努力创造美，在不断的欣赏与创造中，提升自己的审美能力，培养更高的审美素养，陶冶情操，做新世纪有审美素养的新青年。

第六章　科技审美教育

第一节　科技美概述

一　科技美的产生

科技美学是美学的一个分支学科，严格意义上说应该属于应用美学的范畴，属于交叉学科。它是在科学研究和物质生产过程中融入美学的相关理念，以求取得最佳效益的一门新兴应用型学科，可以说是自然、人文、美学、心理学等多种学科的综合。科技美的产生可以追溯到 18 世纪末 19 世纪初的时候，它的产生有其历史必然性和特殊的历史条件。

首先，对于劳动效率的追求，是科技美产生的第一个重要条件。在当时，英国刚刚进入第一次工业革命，机器大工业的出现的主要特点就是突出科学技术这个生产力中最重要的因素。在当时来说，有两个重要的方面极其引人注目，一方面是产品质量的提高，另一方面就是劳动生产率的提高。人是劳动的主体，人类的劳动是一种自觉的有意识的社会化活动。这就使得人的劳动的效率和周围所处的环境联系非常密切。尤其是机器大工业时代，随着劳动强度和复杂度的增加，环境对劳动者劳动效率的影响越来越大。根据国外的一项实验结果表明，如果把工厂的环境结合科技美学的原则进行重新设计和改造，劳动生产率就会得到大幅度的提升，甚至可以提高 10%—30%。例如，工厂里的车间墙壁涂上适当的颜色，门窗安装位置恰当，干净明亮，可以提高生产率 2%—10%；照明设备美观，光线强弱适当，可以提高劳动生产率 5%—15%；劳动过程中，尽量减少机器噪声，或在劳动时播放严格筛选的乐曲，可以使劳动效率提高6%—14%。由此我们可以得出这样的结论，优美舒适的工作环境，对于机器大生产中生产效率的提高是非常重要的影响因素。无论是厂房周围和车间的颜色、机器的造型，还是生产的声音和光线环境在设计时都要以人为中心，给劳动者提供一个尽量舒适的环境，使之能够保持一个最佳的心理状态。这就要求我们在生产过程中要充分考虑和运用美学的原则。这为科技美学发展提供了土壤，这是科技美学在当时得到迅速发展的第一个原因。

其次，人们在日常生活中对劳动产品的审美需求日益增长，再加之激烈的产品市场竞争，也是科技美产生的一个重要条件。我国两千多年前的思想家墨子说过："食必常饱，然后求美；衣必常暖，然后求丽；居必常安，然后求乐。"意思是当人们基本的衣食等物质条件满足后，就会追求更高层次的精神上的需要，包括审美需求。换句话说，人们在基本物质条件得不到满足时，只要求劳动产品的实用性和经济性，随着社会生产的发展，基本的物质条件逐步得到满足后，人们就需要生产出来的物质产品不但具有"饱""暖"这些实用性，还要有使用舒适、外表美观等更高层次的审美要求。由此，科技美在生产领域应运而生。在商品市场越来越趋向于经济全球化的过程中，科技美学担负着更多的使命。它要研究不同时期、不同地区、不同种族的审美偏好，这样才能生产出受人们欢迎的工业产品。在市场竞争越来越激烈的今天，产品本身具备的审美因素得到人们的重视，这也是在竞争中能够获胜的重要砝码。

再次，科学技术发展到一定程度，必然推动人类社会生产力的不断提高，科技审美也逐渐发展。一方面，科学技术给"美"提供了巨大的支持，使得美在原有的基础上不断生发出诸多的门类，内容越来越专业化、具体化。另一方面，科学技术的发展也需要"美"，"美"可以给科学技术带来某种帮助。科学技术领域内发明创造的出现，往往是与审美灵感的出现相生相伴的。古今中外诸多事例可以很好地说明这一点。新的发明创造一般都不是循规蹈矩的，而是在"科学""理性"的基础上充满"感性"的体悟与想象。科学研究工作过程中，众多科学家正是对"美"的感悟和追求，使得新的科学技术和新产品不断地被发明创造出来。

二　科技美的基本特征

科学技术美是美学领域中的一个重要组成部分，它的基本特征有如下表现。

（一）时代性

科学技术是在人类认识世界和改造世界的能力不断得到提升的过程中产生的，在人的科学文化素质不断提高的条件下越来越深刻地体现出来。总体上看，可以说，它是近现代社会生产力极大提高和高新科技发展的产物。科学技术是个不断推陈出新的过程，是随着时代变迁而不断发展的。与此相适应，科技美具有明显的变化性和时代性的特征。在我国古代，有许多在当时领先于世界的发明创造，兼具美的特征。我国商周时期的青铜器铸造工艺，铸造了众多闻名于世的青铜器物。例如，现存于中国国家博物馆的"司母戊大方鼎"，是世界迄今为止出土最大、最重的青铜器，享有"镇国之宝"的美誉。此外，我国宋代的青花瓷烧制技术，烧制出的青花瓷就技术层面来说，不仅是工业化之前影响最广的瓷器，还被世人公认为是中华民族审美理念的代表。以上这些科技成果在当时来说，绝对是世界上最先进的，但随着现代科学技术的发展，已逐渐被现代化的工艺取代。总而言之，科学技术美的时代性是与科学技术及成果的时代变迁，紧密相连的。

（二）综合性

综合性是科学技术美的特征之一。科学技术总是与先进生产力联系在一起的，代表着最先进的生产力，同时具有跨学科、跨领域的特点。例如，现代通信业在日新月异的发展中，机械、电子、管理学科高度融合的特点，也越来越突出。尤其时下流行的智能手机，各生产制造商在设计生产制造手机的过程中，在追求功能越来越丰富、显示屏也越来越大的同时，充分将材料学、人体力学、美学等多学科理念融入其中，使产品兼具美观和实用性，这样的产品才能受到消费者的欢迎。

（三）实用性

科学技术美的一个突出特点是强调实用性。作为一件产品，实用性是最重要的前提，如果只是具备漂亮的外观而实用性差，也不能说是一件完美的作品。法国美学家查·罗拉对产品美从结构层面上进行过如下规定。

第一，产品功能结构。产品存在的前提是实用功能。试想一个产品如果只有华丽的外观而功能性欠缺的话，它的美是要大打折扣的。

第二，产品材料功能。新产品往往需要运用新材料，新材料的使用，一方面可以提高产品的功能性，另一方面也可以增强产品的美感。这是构成产品美的物质条件。

第三，产品有机体结构。好的产品的各个组成部分应该是独立而又和谐统一为一个整体的。

第四，产品形式结构。产品的形式美只有在产品整体结构和实用性的基础上，才能更好地体现出来。

第五，产品环境结构。当产品和它所处的环境相适应时，产品才能更好地体现出自身的价值。

以上是产品美观和实用性方面的相关要求。科学美和技术美都要以产品的实用性为基础。一件产品如果没有任何实用性（这里的实用性包括艺术品的观赏、收藏价值），即使它的外观再美，也谈不上科学和技术美。

（四）简洁性

科技美的一个极其重要的特征是简洁性。科学研究工作的一般路线是从众多无序、纷繁复杂的现象中寻找出研究对象运动变化的规律性，进而用简洁的理论、原理、公式、法则概括出复杂多样的经验、事实、现象。圆周率计算公式便是从自然界众多形式大小各异的圆中概括出来的，是最精密、最标准、最美的圆。爱因斯坦用 $E=mc^2$ 揭示了宇宙中丰富、复杂的物体在封闭的环境中无论发生何种变化或过程，其总质量始终不变，这是最简洁的概括。对此，爱因斯坦进行过这样的总结："一种理论的前提越具有简洁性，它所涉及的事物的种类越多，它的应用范围也就越广，它给人们的印象也就越深刻。"① 苏联心理学家巴普洛夫认为，了解美并不限于观察自然景象和发掘其意义。就是在实验室的研究成果里，在数学公式的严整性里，在哲学推理的辩证唯物主义逻辑里，都可以感觉到，并且真正感觉到美。所以科学研究的许多结论呈现出来的简单性、间接性，就是科学美的一种体现。至于技术美，同样也要求简洁、简单。因为任何一种技术都是为人服务的，是需要被许多人能够较容易掌握的，这就需要技术能够简明扼要、易于学习。尤其是现代化功能多样、技术含量较高的产品，在设计制造的过程中也要充分考虑到产品的色彩、线条、造型的简洁、明快，遵循"简约美"的原则。法国在埃菲尔铁塔建造之前，其国内的建筑风格大多深陷巴洛克建筑风格的桎梏，设计中往往装饰和雕塑运用较多。但是为纪念法国大革命胜利 100 周年，在巴黎建造埃菲尔铁塔时，充分利用静力学原理和技术的逻辑性进行设计、建造，所以我们今天看到的埃菲尔铁塔可以说是形式与功能达到了简洁与和谐的完美统一，可以说是科技美的典范。

（五）新奇性

科学和技术都要求进行创新，这样才能有新的发现和新产品不断被创造出来。因此，新奇性是科学美和技术美的一个共同特征。科学技术的使命就是通过发挥人的主观能动性，在认识世界和改造世界的过程中寻找客观世界的规律性，并以此作为指导进行创造和创新，拓展人类认识的广度和深度，形成新的认识，创造新的东西。所以，追求"新"和"奇"，也是科学家一项非常重要的素质。华裔诺贝尔物理学奖得主朱棣文曾说过，一个优秀的物理学家要具备多种素质，首先必须有好奇心，对于自然的好奇，对于普遍事物的好奇。据我所知的优秀物理学家，他们对于所有事物都非常好奇。他们想探知事物的规律，并具有看到事物最为本质一面的本

---

① 《爱因斯坦文集》（第 1 卷），商务印书馆 1976 年版，第 97 页。

领。科学研究的动力来自科研人员对新奇事物和未知世界的好奇而产生的追求，探索其奥秘的强烈愿望。这也是科学发展的基础。那么，科学有新奇性的要求，技术也不例外。尤其是一些科技含量高、功能齐全的产品，其结构及外观设计，更要注重美的表现，而这里面新颖、别致就是一个极其重要的因素，这样才能不断满足人们日益提高的审美需求。

三　科技美的主要功能

在过去，我们通常认为科学技术与美学、艺术是丝毫没有关联性的学科。但其实早在一百多年前的 19 世纪，法国著名作家福楼拜就已经有了准确的预言："越往前进，艺术就越要科学化，同时科学也要艺术化。它们从底基分手，回头又在塔尖结合。"① 这里的"结合"，就是指科技和艺术，在当时看来毫无关联的两个学科必然要走向交融。现在，这种趋势已经日渐清晰，并且越来越突出了。对此，我国著名科学家钱学森曾深刻地指出："世界上科学发展的总趋势是综合又交叉，走向一体化"，"不能再区分自然科学方法论与社会科学方法论"。这些话语表明，钱学森也认为科学技术不但与自然科学紧密相连，也应该与人文社会科学交融，与美学、艺术融合，由此形成了科学技术美。这样多学科的"交融"，一方面开拓了美学的新领域，另一方面也增加了科技美的诸多功能。

第一，引导功能。科学技术的一个最重要使命是探求真理，"真"是科学技术的最核心追求。而美则能引导指明探寻"真"的方向，成为寻求真理的指路明灯。在现代高层建筑中必不可少的避雷针的发明，很好地证明了这一问题。避雷针最早是在 1752 年由美国人富兰克林发明的，当时的避雷针顶端是尖锥形状的。十年后，这一顶端尖状的避雷针传入英国。当时的英国国王是乔治三世，他本来对电学一窍不通，但他看到这种形状的避雷针后却断言避雷针的顶端应该是圆形而不应该是尖的。前者的设计依据的是尖

---

① 吴同椿：《迎接 21 世纪的科学美术》，《艺术设计》2001 年第 3 期。

端放电原理，后者依据的是球形最完美的形式美法则。这一争论在16年后有了明确的答案。美国物理学家查理·摩尔经过缜密的科学实验得出结论：尖端为圆形的避雷针比尖头避雷针效果要高出一万倍。其实，在科技史上，把美感作为向导，由此找到真理，还有很多其他的实例，这充分体现了科学技术的导向功能。

第二，鉴别功能。美不仅可以对科学家探寻真理起引导作用，还能为科学家所运用，在此过程中鉴别真伪、洞察本质。检验真理的唯一标准是实践，这是早已被证明了的。科学研究的有效手段，主要是靠科学实验来反复验证。然而，由于现代科学技术的发展，人们对于未知世界的观察范围已经大大超越了人们五官的直接感知能力。当人们初步通过感官感知出一般的结论，而暂时无法通过实验手段进行佐证时，往往"美"对探寻真理的帮助就显现出来了。黄金分割定律是人们从长期的生产实践活动中得出来的"审美法则"，并且经过数学逻辑方法概括出了物体长与宽的审美比例公式是：$X \div L = (L - X) \div X$。人们普遍认为当一个事物的长宽比符合这一法则时，这个物体看起来最为协调和美观。但在相当长时间内，这个人们普遍认可的法则却无法用科学方法去证明它的合法性。后来直到20世纪60年代，苏联的一位建筑心理学家用实验的方法揭开了其神秘性：原来这一审美法则刚好暗合了人的眼睛视觉活动规律，当观察对象的长宽比例符合黄金分割律时，观察者的眼睛刚好能得到积极休息的区域最大，最能节省其视觉能量。通过这些事例可以很好地说明，美能帮助人们鉴别"真理"。其实，在我们面对的客观物质世界中，美往往是与真理联袂出现的。

第三，启迪功能。美在人们对"真"的探索过程中还有着极其重要的启迪作用。一方面，美能启迪人们去追求"真"，从而通过不断努力发现和获得"真"。另一方面，在对美的追求过程中往往能够发现"真"，获得"真"。科学研究的一般目的是通过观察、分析和实验，从纷繁复杂的各种外部现象中概括出其中的规则和规律。当这种规则和规律越简洁、简单，形式上就越具有更多的美感。海森伯说："如果自然界把我们引向极其简单而美丽的数学形式——我所说的形式是指假说、公理等等的贯彻一致的体系——引向前人所未见过的形式，我们就不得不认为这种形式是'真'的，它们显示出自然界的真正特征。"① 换而言之，就是说数学公式一般来说，既具有形式上的美，又具有真理性。爱因斯坦、玻恩、狄拉克等一批现代西方杰出的理论物理学家在自己的科学研究领域，往往遵循着审美的原则而得到启迪，从而获得了巨大的科学成就。此外，俄国化学家门捷列夫创立元素周期表的过程就是很好的一例。1869 年，门捷列夫把当时已经发现的 63 种元素通过分析其规律性按相应规则排列成一幅协调和谐的元素周期表。但后来又经过一段时间的研究发现，按照元素属性不断增强的规律，这个图案中存在一些中断和空缺。但他从美的观点出发，认为和谐完整应是宇宙中一个极其重要的原则，不应该存在这样的"不完整"。据此，他断定，在这些空白处还应存在没被发现的元素。经过不断的探索，一些新元素陆续被发现，空白也被填补了。同样，开普勒"日心说"的提出也是因为他觉得"日心说"较之"地心说"更和谐，更符合美的要求。在科学研究中，因为从审美原则出发而获得杰出成就的，不胜枚举。

第四，情感愉悦功能。人的情感大多来自能感受到的美。科技美同样具有此种功能。追求功能实用的基础上的形式美，是科学美的意义所在。科学家之所以不畏艰难，坚持不懈地去探求未知世界的奥秘，一个重要的动因就在于未知世界带来的愉悦感。许多著名的科学家，如玻恩、普朗克，不但在科研上独树一帜，成果卓著，而且在艺术上也有很高的造诣。科学与美学互通互融，既是人的精神世界的需求，也是物质世界的需要。几乎所有的现代产品设计和建筑设计都不能不考虑美的形式。随着社会的不断发展，人们的审美需求也在随之增强。因此，生产领域产品的造型设计是能否在竞争中取得优势的一个极其重要的因素。目前，在手机生产领域，众

---

① ［美］S. 钱德拉塞卡：《科学的追求及其动机》，周国强译，《世界科学》1991 年第 4 期。

多的生产商相互角力，但美国苹果公司生产的 iPhone 系列手机，一方面积极开发新技术，使手机功能越来越丰富。另一方面，不断采用新材料，例如金属外壳和玻璃材料的大量运用，使其在外形上更符合现在年轻人的审美趣味，尽管手机价格不菲，但在市场上往往是青年人的首选。由此可见，美与科技的交融会带来巨大的经济价值，这其实也是科技美审美愉悦功能的集中体现。

第二节　科技美的内容

科技审美是科学审美和技术审美二者的合称，是人类社会和人类自身发展的产物和结晶。两者虽然在某些方面存在一些明显的不同，但它们在实质上有更多的相同之处。它们都是基于人对客观世界认识基础上的美的一种特殊形态。科学技术快速发展的今天，人们越来越能够感受到科学技术带来的美的体验和物质与精神文明的成果。

一　科学美——真与美的结合

对科学的研究和对艺术的创作是基于一定的目的，自由的、自觉的创造性活动。艺术工作者进行艺术创作的强大动力来源就是艺术家对美的追求，同样这也是科学工作者进行科学研究的强大动力。

（一）追求美——科学研究的动力来源

自然科学主要是对自然界的一切客观物体进行研究，因此和自然美有着相同的研究对象。当然，二者之间也有明显的区别。自然美呈现在自然界事物的外部外形中，而科学美更多地显现在自然界的内在规律中。人类认识世界和改造世界，一方面要研究自然界事物的外在形式，如色彩、声音、线条、形体等；另一方面，还需要探寻自然界事物的内在联系，如本质、规律等。前者是艺术工作者进行艺术创作的对象和内容，后者是科学工作者进行科研活动的目的所在。人们对美的感受源于客观事物对象，同时也源于人的劳动实践。科学研究的成果就是这样，它是人类劳动实践的创造性成果。巴甫洛夫说道："浏览大自然的巨著会给智力以深深的满足，并能发现特别多美的事物，而感知这种美的事物是有赖于敏锐的艺术感觉和学者的深刻观察的，了解美并不限于观察自然景象和发掘其意义。就是在实验室的研究成果里，在数学公式的验证性里，在哲学推理的辩证唯物主义的逻辑里，也都可以感觉到，并且真正感觉到美。"① 从上面的论述中我们可以看出：自然事物的外在美和科学研究成果的内在美都是我们欣赏和追求的。所以，"内在美""理智美"或"逻辑美"也成为科学美的代称。科学家能够忘我工作，为探求客观世界的规律而献身，除了科学家自身正确世界观的影响外，对于美的审视和追求，在科学研究工作中得到美的享受，也是一个非常重要的因素。

波兰著名的天文学家哥白尼通过自己长期的观察，利用观察到的数据提出宇宙的结构体系暗合了最和谐的人体几何学，也呈现出一种美的特征。他认为宇宙里有一种奇妙的对称，轨道的大小与运动都有一定的和谐关系，这样的情形是用别的方法达不到的。

在这之后，天文学家开普勒也从美学入手，抛弃了他自有的"地心说"，开始接受哥白尼的"日心说"。他说："我从灵魂深处证明它是真实的，我以难以相信的欢乐心情去欣赏它的美。"② 开普勒发现了行星运动的三大规律，从而奠定了天体力学的基础。

科学美作为美的一种特殊形式，是真与美结合的产物。"真"是科学研究的对象，其实质是通过科学研究工作来揭示物质世界的规律。因此，科学是不以人的主观意志为转移的，必须遵循研究对象的规律。例如，"地心说"是当时人们根据普遍感受和感性认识得出的，而通过科学研究揭示出的"日心说"却更加符合客观规律，更"真"。美是体现在事物的外部，人们通过自己的感官感知体验而得到的。从表面上看，美与真是没有太大关联的两个方面。

---

① 参见仇春霖《简明美学原理》，高等教育出版社1987年版，第286页。
② 参见林德宏《科学思想史》，江苏科学技术出版社1985年版，第108页。

然而，通过观察、体验、研究，都可以从自然界中发现客观事物呈现出来的特征、现象，可以找到其内在有序和谐的结构。自然美主要指现象美，体现在客观事物的外部形式中；科学美则是隐性的，往往存在于人的感官所能感受到的范围之外；或存在于微观世界，或存在于宏观世界。发现科学美，不仅需要审美主体具有较高的理论水平和科学素养，而且还需要对客观事物的外部形态和内在性状、结构进行细致入微的观察，更多的时候还需要利用科学的设备，这样才有可能体验到客观事物具有的科学之美。客观事物内在组成要素呈现出的守恒、多样、均衡、对称、统一等特征，体现出了事物的形式美，同时也是客观存在于物质世界。"真"与"美"表面上看起来不相关，甚至矛盾。然而，科学之美其实是客观事物自然和谐的外在结构与形态在科学理论中的显现。历史上，科学家为求"真"，在此过程中发现"美"，得到"美"的体验，或者相反，为了追求"美"而发现"真"，获得极其重要的科学发现的事例，并不鲜见。就此，法国数学家庞卡莱认为，能够在数学中有所发现的人，是具有能够感受数学中的秩序、和谐、对称、整齐和神秘等能力的人，而且只限于这种人。韦尔曾对人说："我的工作总是力图把真和美统一起来，但当我必须在两者中挑选一个时，我总是选择美。"① 当他通过自己的研究，最初提出引力规范时，被很多人批评。原因在于他提出了中微子两分量和相对论波动方程，在一定程度上破坏了宇宙守恒定律，但由于这个方程具有高度的形式美，韦尔不顾别人的诟病与反对，始终不肯放弃，被人讥笑为"荒谬""失真"。而在 30 年后，华裔物理学家杨振宁和李政道博士经过研究提出"宇宙不守恒定律"时，恰恰证明了韦尔的选择是绝对正确的。而且，在某些科学研究中，对真的追求过程以及成果也往往显示出与美密不可分的关系。在物理和数学领域中，许多公式呈现出简洁、对称、和谐等形式美。罗素曾说："数学，如正确地对待它，不但拥有真理，而且具有至高的美，一种冷而严肃的美。这

---

① ［美］S. 钱德拉塞卡:《真与美》，科学出版社 1992 年版，第 78 页。

种美不是投合我们天性脆弱的方面，这种美没有绘画或者音乐那样华丽的装饰，它可以纯净到崇高的地步，能够达到只有伟大的艺术才能谱写的那种完美的境地。"① 数学家欧拉提出的关于多面体的顶点数、棱数、面数三者的关系公式：$V - E + F = 2$，呈现出典型的"简洁美"。世界上客观存在的多面体，形状各异，不计其数。但这些多面体的顶点数（V）、棱数（E）、面数（F），都符合欧拉发现和提出的这个公式。一个形式上极其简单的公式，却能够概括出这么复杂事物内在的规律性，不能不令人称奇。此外，在初等数学中，形式简单，内容深刻的公式、定律还有很多。例如，直角三角形两直角边的平方和等于斜边平方（$a^2 + b^2 = c^2$）；圆周率公式：$C = 2\pi R$ 等。因此，科学领域的美尽管具有抽象性，同自然美易于发现相比，不易发现和体验。但它是一种客观存在的内在之美、规律之美，是不容忽视和抹杀的。

（二）科学美的构成因素

科学美主要由以下三个方面的因素构成。

首先，简洁之美。客观世界中的事物和现象是多种多样的，通过科学的研究和实验，进而概括出简洁明了的规律，这就是一种科学美的表现。耿德罗曾说："算学中所谓美的问题，是指一个难以解决的问题，而所谓美的回答，则是指对于困难而复杂的问题的简单回答。"② 波兰的物理学家英费尔德曾经这样评价过爱因斯坦，说爱因斯坦一直以来在他的科学研究生涯中具有这样一个信念："有可能把自然规律总结为一些简单的原理。评价一个理论是不是美，标准正是原理的简单性，不是技术上的困难性。"其实，许多著名的科学家在科学研究中尽量用简洁的公式来表达复杂的自然现象和规律，例如牛顿的万有引力定律、爱因斯坦的质能关系式等。

其次，和谐之美。表面上大自然呈现出五光十色：纷繁复杂的特征，其内在规律都应该是和谐而有序的。科学是对大自然内在客

---

① ［英］罗素：《我的哲学的发展》，温锡增译，商务印书馆1996年版，第193页。
② 参见仇春霖《简明美学原理》，高等教育出版社1987年版，第72页。

观规律的反映，因而也应该是和谐的。科学的和谐之美主要体现于秩序、对称、多样性、统一性等方面。如苏联化学家门捷列夫发现和创立的化学元素周期表，很好地体现了科学的和谐之美。在化学元素周期表中，元素的对称、协调、行列之间、上下之间，形成了十分巧妙的联系，构成了非常和谐的一个整体。

再次，新奇之美。科学的"新奇"是指成果、发现在情理之中，又在意料之外。譬如，形态各异、极其复杂的生命信息，经过生物学家的研究，发现是由 64 个特殊密码所构成的，而这 64 个密码以令人惊异的方式呈现出四个部分，进一步通过三联体组成，四个核糖核酸构成了地球上形式多样的生命世界。这不得不说是一个奇迹，不能不令人感到新奇。

总而言之，科学美是一种内在的、隐性的、客观的美，相较于自然美、艺术美、社会美而言，是一种更深层次的美。科学美的感受和领悟，往往需要感受美的主体具备较高水平的知识能力和科学素养。当今人类社会，科学技术的迅猛发展，使其在社会生活中起着越来越重要的作用。再加科技教育范围的扩大和水平的提高，社会成员的科学文化水平必然会不断提高，今后科学美也必将能够被更多的人重视和欣赏。

二　技术美——技术与艺术的结合

现代科学技术在生产技术领域的普遍应用和发展，人们逐渐地将美学的有关理论融入其中，使得一门新兴的交叉学科逐步形成和发展起来，这就是技术美学。

（一）技术美学的应用表现

技术美属于美学研究的一个重要内容，分属于应用科学。技术美的研究对象是与生产技术领域相联系的美学问题，同时也研究人们生产生活中与生产劳动过程和成果相联系的美学现象和问题。"技术美学"这一专业名词最早是由 20 世纪 50 年代初期捷克斯洛伐克设计师佩特尔·图奇内提出的，这一概念由当时的被质疑到现在已普遍被社会大众接受，并且应用范围越来越大。最初，这一学科仅仅是应用于工业生产领域，随着社会生产实践的深入发展，交通业、建筑业、农业、商业、园艺、市容、环保、医学、军事部门都已经开始深入研究和广泛应用。

其实，早在二战开始时，技术美已经开始逐步形成并得到快速发展。二战时，欧洲各国由于受到战火的破坏和经济危机的影响，迫使工业生产领域陷入困境，于是开始把工业生产同美学原理相结合，进而使得生产技术和产品得以革新和升级。对于技术美学的研究、推广和应用，美国也是从这一时期开始的。1951年，美国专门成立了相应的技术美学研究团体，旨在最大限度地向各个工业部门推广产品设计同美学的结合。随后，国际技术美学协会于1957年在日内瓦成立，并定期组织召开了多次技术美学会议。而在目前，世界上相继有十几个技术美学的国际性组织成立，技术美学也因此成为国际上的热点学科，得到了全世界的普遍重视。

技术美学在我国的发展、研究和应用，应该说落后于西方发达国家，仅仅处于起步阶段。但是随着我国经济科技的发展，越来越重视技术美学的研究和推广。一方面，对外我们积极学习，借鉴和吸收国外在技术美学研究方面的优秀成果；另一方面，从我国实际出发，逐步创新和发展了具有我国特点的技术美学，并且不断取得新的进展。同时，将这些优秀的研究成果在各个领域广泛应用和发展。

技术是人们认识世界和改造世界的手段、方法、措施和技艺的总和。技术美是这些手段、方法、措施和技艺同美学的结合、交融。其具体表现在一方面，技术要遵循客体的规律性（真），另一方面，又要体现出主体的目的性（善）。因此，技术产品体现着真与善二者的密切结合，既是人类智慧和理想的实现，又是一个创造美的过程。因而，技术产品从不同的程度体现着审美价值。正如奈尔维所说："一个技术上完善的作品，有可能在艺术上效果甚差。但是，无论是古代还是现代，却没有一个从美学观点上公认的杰作而在技术上却不是一件优秀作品的。看来，良好的技术对于良好的建筑说来，虽不是充分的，但却是一个必要的条件。"① 由此看来，技术美不单单是技术上的完备和完善，同时也最大限度地融合着审美价值。换言之，技术美不仅体现着人们的物质需求，同时也蕴含人们对精神方面的诉求。

技术美是以保证客体实用功能为前提和基础的审美，其中包括设计美、造型美以及技能美等方面。在物质生产领域中，由于美学观点和理论的应用，使得生产技术和美学紧密联系在一起，便逐渐形成了技术美。由此可见，技术美是美学与技术的交叉学科。技术美学开始形成于 20 世纪三四十年代，是随着工业水平的提高而不断发展的。在工业革命初期，由于技术方面的不成熟，当时的大部分工业品形态简单、粗糙，极其缺乏审美价值。随后，由于经济的发展，技术水平不断提高，人们对审美的要求随之提高，技术与审美的结合日益被人们重视。

第二次世界大战结束后，由于战火的破坏，经济出现了严重危机。为了摆脱困境，各个企业开始寻找解决之道。除了提高原有产品的实用性，同时更加注重产品设计时对美的元素的追求，使产品造型更加美观，从而更加受欢迎。一般来说，设计和造型精美的产品，越容易成为畅销产品，受到消费者的欢迎。例如，1909 年美国历史悠久的福特汽车制造公司设计了一种具有新型外观的汽车，整个车身呈流线型。这个外观新颖的汽车受到消费者的青睐，迅速打开了市场，销售量剧增，为该企业带来了巨大利润，使福特汽车公司家喻户晓。但在第二次世界大战结束之后，日本在汽车工业领域引入了技术美学，生产制造环节不断创新，结果到 20 世纪 50 年代，日本汽车已进入美国市场，迅速打开局面，给美国汽车工业带来了巨大挑战。到了 1984 年，日本汽车产量已经远远超过西欧和美国，占到世界汽车总销量的 28%。之所以能够取得这样的成就，技术美学在其中起了非常关键的作用。目前，我们逐步建立起了比较完善的社会主义市场经济体制，在市场机制的作用下，有的

---

① 参见凌继尧、徐恒醇《艺术设计学》，上海人民出版社 2001 年版，第 203 页。

企业能够越来越壮大，而有的企业却被市场淘汰。其中一个很重要的因素，便是这些企业产品是否符合消费者的审美需求。实践证明，产品的设计必须将其科学性、实用性和审美价值结合起来，从而在保证产品质量和实用性的同时，能够使产品外形更具美的特征，这样才能受消费者欢迎和青睐。爱美是人的天性，对于产品同样也有美的需求。因此，"技术美学"应是一个方兴未艾、不断发展的学科。

（二）技术美学的内容

随着人类社会的发展，技术美学研究的范围和对象也在不断扩展。人们认识和改造客观世界的过程，实质就是遵循美的规律，创造出符合人的审美观念的物质和精神产品的过程。当然，这就需要具备一定的主观和客观条件。主观条件方面，即"生产主体"，也就是劳动者必须本身具备一定的审美意识和能力，只有当劳动者具备了这样的条件，在生产过程中才能遵守美的规律，生产出"美"的产品。客观条件方面，主要是要创设相关生产条件，使之适应符合审美规律的生产活动。以上这两个方面，也是技术美学所要研究的重要内容。由此可以看出，生产劳动过程的优化和效率的提高，既与劳动者主观条件息息相关，同时还与生产过程中的其他因素（对象、环境、工具、条件等）有关。因而，对生产过程的这些相关因素进行优化，创造出优美、舒适的工作环境和生产条件，生产劳动的主体获得愉悦的生理、心理感受后，其积极性和创造性才能最大限度地发挥出来，产品的生产效率才能有很大的提高。例如，劳动条件的改善方面，厂区的建筑景观、自然景色、技术设备和其他公共设施要注意其统一性和和谐性。厂区的绿化、厂房的设计和修建都是非常重要的。

第三节　科技审美与大学美育

一　科技审美教育有助于大学生创新能力的提升

审美教育主要是针对学生对美的认识、美的感知、美的兴趣和美的创造方面的培养和教育。美育在大学生的全面发展中扮演着不可替代的角色。美育在我国最早出现于奴隶社会，在春秋时期得到越来越多的重视。孔子曾经指示成人之道，说"兴于诗，立于礼，成于乐"，认为诗和乐在一个人的教育中非常重要。诗和乐正是审美教育的一部分。审美教育过程中，音乐、美术、文学通常都是重要的手段，运用动听的乐曲、优秀的美术作品、经典的文学形象，可以帮助和指导大学生更好地认识事物和理解社会，也可以激发他们的想象力和创造力。将美学的原则和方法同科学技术相结合而形成的"科技审美教育"，是当代大学美育的重要内容。科技审美教育从实质上来说，就是关于审美素质的教育。科技审美教育不是简单意义上的科技知识培训，也不是书本知识的堆砌和灌输，而是使大学生在科技实践活动中建立起以观念更新、思想开拓和个性发挥为特征的审美情感、审美意趣和审美理想的教育。

不同人对于同一种事物的理解和认识是完全不一样的，这是由于每个人自身的专业背景、文化修养、兴趣爱好等多种因素的影响而产生的不同。例如，在某一个风景非常优美的地方，诗人认为那是一首绝妙的诗歌，音乐家则会认为那是一首优美的乐曲，而画家可能会认为那是一幅生动的图画。审美教育的任务是培养和发展大学生对美的兴趣、感知美的能力，进而促进智力的完善和身体的健康发展。在当代大学教学活动中，科技审美教育的内容对大学生可以说是科技教育与美育的结合，是促进大学生全面发展的必要手段。

作为一个全面发展的人，不但应掌握较高水平的科学文化知识，同样也应该具备较高水准的艺术修养，我们培养的大学生不仅应该是掌握了丰富知识和先进技术的现代人，更应该是具备了艺术欣赏能力和拥有艺术审美爱好的文化人。达·芬奇被后人称为"科学上的艺术家，艺术上的科学家"，就是因为他不但是一位世界著名的画家，同时也是一位自然科学家。人类历史上，许多著名的科学家也是如此，他们能够在充满艰险的科学之路上不断探索和前行，除了自身具备的良好精神品质外，还在于科学研究的过程中，他们可以感受到美的满足。大学生的科研之路充满了艰辛与曲折，如果能在研究中发现科学技术之美，不断体会科研的魅力，便会带着一颗欣赏的心、愉快的情感去从事研究工作，从而激发出大学生更强的创造力。由此可见，作为当代大学生的科技审美教育是非常重要的，它对大学生创新能力的培养和提升具有重要的作用。

二　科技审美教育要求更新大学生美育内容

随着科学技术的迅猛发展，尤其是在这样一个信息化的社会里，大学生审美教育的内容在随之发生巨大变化。大学生的审美教育已经不再仅仅局限于传统的内容，而应该把以往单纯地对学生进行认知和体验美的教育同开发学生的科技能力相结合，从而形成科技审美教育。科技美可以说是美的一种较为高级的形态和发展阶段。随着科学技术的发展和新工具的发明，在科学研究不断拓展的研究领域，给我们带来了一个又一个新的审美体验。当科学家把原子作为研究对象时，原子内部和谐、对称和平衡完美地展现在人们眼前；当科学家用显微镜观察研究细胞组织时，其结构具有的形象美便显现出来，让人们不得不为大自然之美而赞叹。当下，互联网技术和多媒体技术的发展，使世界越来越成为一个整体，网络、电子显示屏和立体音响的结合，使人们在任何时间、任何地点都能感受到世界的美，这让你不得不为人类巧夺天工的造物之美而惊叹。然而，这些技术的革新也使人们陷入了新的困惑。大多数人原有的知识体系和结构已经越来越不能适应现代科技的发展，特别是作为现代文化接收者的大学生。科技的发展要求他们不断更新知识，不断提高自身的审美能力。因此，大学美育应该从科学文化、心理准备到审美知识等方面进行更好的提升。作为当代大学美育的施教者，我们应该承担起这样的使命。

在当代大学教育课程体系中，德育、智育、体育均开设了相应的必修课程，每位大学生不论专业都必须接受这三个方面的教育。唯有美育只在极少数文史类专业开设，这不得不说是一个缺憾。素质教育要求学生不仅要较好地掌握专业知识，同时还应具备活跃的思维、更强的创造力。那么，对大学生的审美教育尤其是科技审美教育便是最佳的手段。笔者认为，大学教育应该创造浓郁的美育氛围，把"科技美学"列入大学阶段必修的课程，更新大学美育内容，这是大学教学改革的方向之一。

第七章 社会生活审美教育

第一节 社会生活美概述

一切审美活动都离不开社会生活，离不开生产实践。社会既是人存在的必要环境，又是审美对象。人们在生产实践中既改造自然又改造自身，在改造中认识美、欣赏美、创造美，从最基本的物质生产到最高层次的精神生产，处处尽显美的外形和美的内在。

一 社会生活美的本质

在人类社会生活各领域发生的各种社会现象及与此相关的社会事物表现出的美可称为社会生活美。"按照马克思主义观点，社会的本质特征表现为两个方面。第一，它'是人们交互作用的产物'，是各种社会关系或者说全部社会关系的总和……因此生产关系成为决定一切社会关系的最基本的关系，'生产关系总和起来就构成所谓的社会关系，构成所谓社会'。"① 马克思说："人的本质……在其现实性上，它是一切社会关系的总和。"② 由此可见社会关系是构成社会的一张巨网，人就是网上的每一个结点，这张巨网囊括了社会生活的方方面面，不仅包括反映社会存在的物质生产，还包括反映社会意识形态的理想道德、风俗习惯、艺术、宗教、政治、法律、哲学等。人们生活其中，难免会与以上各领域发生关系，并由此形

---

① 《马克思恩格斯选集》（第4卷），人民出版社1995年版，第320页。
② 《马克思恩格斯选集》（第1卷），人民出版社1995年版，第56页。

成较为完整的社会意识形态。每个个体都按照自己所处群体的生存准则去参与社会生活，在生活中感受美，因此人的社会实践不仅能够创造美，而且实践本身也是人们审美关注的对象。因此，社会生活审美就显得范围更为宽广，内容更为丰富，关系更为复杂。

社会美的纷繁复杂是相对于自然美而言的，它是现实生活美中最核心、最重要的部分。恩格斯说："大自然是宏伟壮丽的……但是我觉得，历史比起大自然甚至更加宏伟壮观。自然界用了亿万年的时间才产生了有意识的生物，而现在这些具有意识的生物，只用几千年的时间就能够有意识地组织共同的活动……"① 足见社会美的强大力量甚至超越了自然美，而这一切超自然的美源于社会实践，是社会实践的直接体现。人们在从事一切社会改造活动时，都使自身本质力量得到最大程度的发挥，这不仅体现着人类智力的不断发展，也体现着人类外在形态的不断完美化，人类创造的一切存在物不仅展示着美，同时也愉悦着人自身。人类史上各项伟大的发明，除了凝聚着人类的智慧，还包含着许多外在美的塑造，比如飞向太空的宇宙飞船，是人类智慧的最佳体现。在宇宙飞船的设计上，不仅有技术方面的考虑，也有形态美方面的讲究。中国古代就曾有嫦娥奔月的传说，在设计飞船时也结合了古人头脑中嫦娥的形象，塑造了现代科技化版的"嫦娥奔月"。这样的发明不仅是人们研究应用的重要工具，也是人们审美活动在科技领域的重要体现。

除了上述社会关系、社会实践、社会发展中体现着美外，在阶级社会里，阶级斗争也体现着美的因素。阶级斗争从表面上看充满了矛盾与冲突，似乎不是人们追求的美的体验，但从美学意义上看，一次阶级斗争必然存在正义与非正义的两方，正义的一方代表着"美"，非正义的一方代表着"丑"，由此看来阶级斗争就是美与丑的较量。在斗争中，人们除了能感受到美的力量，还能用美的力量影响"丑"的一方，净化其心灵，弃恶从善，达到善的统一，推动社会进步。

---

① 《马克思恩格斯全集》（第39卷），人民出版社1975年版，第63页。

总而言之，社会生活美存在于人们生活的所有领域，其实质就是人的本质力量作用于社会生活一切领域所产生的美及美的感性体验。社会生活美的范围很广，常见于我们所能感知的所有领域，如科学文化、日常生活、社会交往、家庭关系、工作学习等过程中。除此之外，还存在于生产实践、阶级斗争以及人自身的美之中，凡是符合人类社会进步、使人身心得到愉悦的各种社会现象及人的自由发展，都是社会生活美的体现。

二　社会生活美的形态

社会生活美涵盖范围之广，决定了它的表现形式必定也是丰富多彩的。它与社会成员的审美需求密切关联，并在阶级社会里不自觉地带有该阶级意识形态的烙印，也会影响阶级成员的审美思维及审美习惯，形成不同形态的社会生活美，主要表现在以下四个方面。

第一，生产劳动之美。马克思在《1844 年经济学哲学手稿》中对美的来源下了定义："劳动创造了美。"短短数字揭示了人类社会在不断的实践过程中总结社会发展的基本规律，遵循历史发展的客观规律，并不断提升自身能动的创造力的客观真理。人们要追求美的社会生活，首先要从生产劳动入手，才能得到最基础的物质保障，有了生产劳动创造的各种社会财富和生存必需品，人类才有了发现美、欣赏美的精神追求，并且在生产劳动中显现出更多的本质力量，使审美活动贯穿于劳动过程与劳动成果中。正如马克思在《资本论》中所说，当劳动的内容、方式、结果能够吸引劳动者的时候，劳动者就能把劳动当作他自己体力和智力的活动来享受，人们能够感受到劳动作为人本质力量的体现，在实践过程中能够产生主体所需的审美愉悦感。而阶级社会的异化劳动，违背了劳动本身所体现的美，在这里异化劳动只是为了谋生目的的被迫劳动，何谈自由与美感享受？马克思在他的众多著作中痛斥了这种异化劳动及它产生的危害，这是一种与劳动者本人意愿、目的背道而驰的丑恶劳动。人们困在其中不但得不到美的享受，还会慢慢消沉，以致变得"愚蠢""呆滞"。改变这种状态的唯一途径是消灭私有制，消灭剥削，建立一个新的、属于劳动人民自身的政党，然后进行革命，消灭一切破坏自由、破坏和平的制度，使劳动人民重获自由和审美体验，在劳动中创造美，并享有自己创造的美的生活。

　　然而，阶级社会的存在是历史发展的必经阶段，我们也不能完全否认阶级社会劳动所创造的美，如果我们一味地否定，就会犯形而上的错误。且不拿西方资本主义世界劳动创造的事物来讲，单是我们国家在封建社会建造的各种建筑物就已经让人对其美妙赞叹不已。万里长城流传着多少血泪传说，人们在斥责当年秦王朝暴政的同时，不得不被它恢宏的气势所吸引。毛泽东当年曾挥笔写下"不到长城非好汉"的豪言，足见它"世界八大奇迹"的魅力。回想当年封建王朝的贪官污吏为博得慈禧太后一乐，修建了大型皇家园林颐和园，不仅劳民伤财，还挪用了海军购船开支，导致北洋海军最后覆没，但在今天当我们一次次欣赏颐和园的美景，置身其中尽情放松、尽情感受人工与自然合二为一的美妙时，却不得不承认先人的劳动成果创造了我们欣赏美的可能。后人对这些文化古迹的保护及游览，实际上也是对前人劳动创造美的保护与继承，而且并非所有阶级社会的劳动都被完全异化，各个社会发展的途径及异化程度是截然不同的，因此我们也能够从阶级社会中发现生产劳动之美。我国古代有大量的诗歌描述生产劳动的场面，讴歌劳动之美。李绅的"谁知盘中餐，粒粒皆辛苦"，赞赏劳动果实之不易；辛弃疾的"稻花香里说丰年，听取蛙声一片"，描述劳动获得丰收之喜悦；孟浩然的"开轩面场圃，把酒话桑麻"，讲述劳动之余享受生活的愉悦……这些无一不是对勤恳劳动的赞扬，古代中国的劳动人民虽生活在封建王朝的剥削统治下，但有了满足当时所需的物质资料后，平平淡淡的劳动生活仍然带给他们无限的乐趣，才有了我们今天朗朗上口的审美诗词。可见，生产劳动是一切美的来源。

　　第二，社会变革之美。每一次社会变革都会带来政治制度、经济制度、文化制度等的更新，一切有利于社会进步、人民群众发展的社会变革就是进步的政治变革，进步的变革本身就是一次争取自由、争取美的斗争，因此在社会变革中，我们也同样能感受美的力量。无论是制度的改良还是社会形态的更替，都是伴随生产力的发展，旧的生产关系及维护旧生产关系的规章制度和行为规范不能适应新的生产力发展要求时，人们力图改变旧制，争取新的、更好的社会制度的活动方式。在这个变革中，人们会为了心中的理想，为了更完善社会制度的创建而不懈努力，这也是社会生活美的重要内容。例如，在封建社会里，每一次王朝的更替，主要原因都在于统治者骄奢淫逸、百姓民不聊生，当这种状态继续发展不可挽回时，一次大的变革必然发生。统治阶级内部划分为变革派与守旧派，两派激烈斗争为的是推行新政缓解矛盾，发展生产维护社会稳定。例如戊戌变法，就是在封建统治严重阻碍生产力的发展时，一批有识之士引入西方世界制度文明来变革当朝统治，目的在于救亡图存，但由于受到以慈禧太后为首的守旧派的严酷阻挠，最终没有实现变革目标，但这次变革的重大意义却永远载入史册。一种资本主义新政的引入，一次思想潮流的解放，一场轰轰烈烈的爱国运动，这些意义甚至远超于它的结果，因此它的进步意义是符合历史审美倾向的。这场运动为我们带来了许多新思想，拿审美思想来讲，资本主义的新学术包括哲学、历史学、文学理论已经在我国萌生，"诗界革命""文体革命"相继发起，人们对美的追求已随着这场变革发生了翻天覆地的变化，封建残余的习俗、规矩逐渐被摒弃，新的审美活动不断进行，新的审美观念不断树立，新的时代也即将到来。

这是我国历史上大多数变革的路径，虽然以失败而告终，但它的积极意义却显而易见，我们也能从中看到社会生活变革之美。然而，还有一些变革是血雨腥风的革命，是抵抗外来侵略获得民主和平的战争运动。如果没有人民群众的奋勇抗敌，就会使整个国家沦陷，民不聊生，生存已然受到巨大威胁，何以追求生活之美？我国近代史上轰轰烈烈的抗日战争就是最好的例证，外来侵略者的残酷枪杀、肆意掠夺，没有吓倒英勇的中国人民，他们奋起抵抗，拼尽全力保护国家主权。当我们再次走进烈士陵园去缅怀先烈时，无不为他们"我以我血荐轩辕"的精神所震撼，在曾经血流成河的祖国疆土上，他们播种下了无私无畏、万死不屈的精神信念，这是多么崇高的社会生活美，这种美的精神价值是不可替代的，是社会变革之美的核心。

第三，民俗民风之美。社会是由众多小群体聚集在一起形成的大群体，虽然有共同的社会准则和行为标准，但各个小群体间也存在不同的生活方式和行为习惯，因而就有了不同地域、不同种族、不同群体时兴的风气和流行的风俗。俗语有言，"百里不同风，千里不同俗"，从不同的民俗民风中，我们同样能感受社会生活美。

所谓"民俗之美"，就是世代相传的民间美好习俗。我国是一个多民族大聚居的古老国家，悠悠中华文明史总结了许多民间的美好风俗习惯，成为民族融合的桥梁。例如，牵动所有中华儿女心结的就是每年的春节，不论身在何处都要想尽办法回到家中，与家人团聚，与亲友畅饮，准备年货，祭奠祖先，贴门神春联，放鞭炮，守岁，拜年，发压岁钱，走亲访友……从正月初一忙活到元宵节，很多年轻人"抗议"太累，可数年来这个民俗一直没有动摇它在人们心中的地位，反而代代相传，因为它象征着美满团圆，象征人们对新的一年美好的憧憬与祝福，是人们心中美的最高期待。除了春节、元宵、国庆、中秋等喜庆的民俗节日外，还有许多祭祀的民俗同样表达着另一种社会生活美，如清明节、中元节、寒衣节，都是为祭奠祖先和逝去亲人的，在拥有美好生活的同时，缅怀逝者、寄托哀思。"不忘恩情"是中国老百姓最朴实的情感，也是民间最平凡的美。当然，在社会发展中有些风俗违背了老百姓当初最本真的情感需求，开始朝着庸俗化、利益化的方向发展。比如，婚丧嫁娶大摆宴席、铺张浪费之风愈演愈烈等，这是我们必须摒弃的文化糟粕，在扬弃的过程中才能再次感受美的真谛，宣扬真正属于美的社会生活。

所谓"民风之美"，是人们在处理社会关系及事务时遵循的行为准则和精神氛围之美。首先反映在人际关系上。人们在社会交往中不可避免地要产生多种人际关系，或是朋友之间，或是同事之间，或是亲友邻里之间，如果能拥有一个和谐友善、相互尊重、互帮互助的人际圈，无论是对个人事业的发展还是对个人身心健康的发展，都是有益而无害的。良好的外部环境也可以为个人营造赏心悦目的审美环境及审美心境。我国是一个拥有五千年文明史的古老国度，历朝历代都讲究社会风气的和谐，朋友之间要"严于律己、宽以待人"，同事之间要"己所不欲，勿施于人"，长幼之间要"老吾老以及人之老，幼吾幼以及人之幼"，足见整个社会的风气就是崇仁、尚贤。其次反映在政治统治上。历史上流传下来的许多为官清廉、政治开明的好君主的故事，百姓不仅推崇他们的政策，更把其为人处世之道作为后世传颂的榜样，这也是颂官、扬美的审美活动，是社会生活美的表现。尤其是在中国共产党成立后，带领全国人民奋勇抗敌、舍生取义，在抵御外来侵略的战争中，无数的共产党员冲锋陷阵，舍小家为大家，为全体人民树立了优秀的党员形象，也使团结一致、相亲相近、服务人民、艰苦奋斗的社会主义新风尚深入人心。然而，丑与美往往是并存的，我们在看到新阶段民风建设逐步取得成效的同时，也要自觉抵制不良社会风气的袭击，特别是商品经济时代催生的异化现象，腐蚀人们的心灵，破坏人与人之间和谐共处的关系。我们应该用审美的眼光看待事物发展，争取自身积极健康、自由地全面发展。

从总体上看，社会终究是向着积极、乐观的方向前进的，这是历史的必然，也是人们选择的结果。我们倡导社会生活之民俗美、民风美，就是要把握整个社会前进的方向，随着时代的发展、物质生活的发达，具体问题具体处理。维护社会民俗民风美，将是一项长期的精神文明建设任务，也是人们社会生活审美的共同目标。

第四，社交礼仪之美。社会包罗万象，是一个复杂的群体环境，作为社会成员，必然要与社会上各种各样的人群打交道，而交往的尺度、礼仪、规范就成为协调社会关系的重要准则。社交礼仪之美不仅是社会生活审美的一个重要内容，还是一种文明的象征和标志。我国从古代开始就十分重视"礼"，儒家学派更是把"礼"作为其维护封建统治的纲领。儒家圣贤孔子是我国礼仪文化的创始人，他的著作《论语》中对"礼"做了详细阐述。"不学礼，无以立"（《论语·季氏》），是把"礼"作为立身之本；"非礼勿视，非礼勿听，非礼勿言，非礼勿动"（《论语·颜渊》），足见"礼"在日常生活中的重要地位。孔子好"礼"，也是出于维护当时政治统治的目的，"上好礼，则民易使也"（《论语·宪问》）。在"礼"的约束下，老百姓能服从管理，达到上下统一的效果。虽有很强的政治色彩，却不难看出孔子提倡的"礼"是一种理想的社会状态，是一种上下有序、长幼有序、社会稳定、人民安居的政治环境，在一定程度上既符合社会发展规律，又体现社会和谐的审美观念。到了汉代董仲舒那里，却将孔子的"礼仪"推向极端，规定了人人必须遵从的"三纲五常"，毁掉了人们自由发展的可能，严重束缚着人们的思想行为，成为我们今天研究中国古代伦理道德标准的模型。虽然各个历史时期对"礼仪"的规定和准则大相径庭，但礼仪之美却代代相传，成为中华民族的美德，也成为处理人际关系的无形准则。

所谓"礼"，即为"礼节"；所谓"仪"，即为"仪表、仪式"；所谓"社交礼仪"，即为"社会交往中要求注意的仪表和遵守的礼节"。大到不同的国家、民族、地区，小到不同的家庭，都要有"礼仪"可循，所以政府设有礼宾司，依照既定礼节对不同的交往对象采取不同的礼仪对待。我们每个家庭也有自己世代相传的礼仪规则，全家人共同遵守。礼节是我们在社会交往中对他人表达不同感情的一种行为方式，或表示尊重，或表示问候，或表示哀悼等，比如注目礼、握手礼、鞠躬礼、鼓掌礼、拜访礼等，除此常用礼节外，不同国家还有其他一些补充，比如澳大利亚有碰鼻礼，欧洲有拥抱礼等。礼节之美在于人际交往分寸的拿捏，多一份礼节显示个人修养之美。仪表美在于外，是人们通过修饰展现给他人外在形态上的美感，现代礼仪要求人们出席重要场合时，注意自身衣着打扮，女士则要化淡妆。衣冠不整、蓬头垢面不仅使自身形象大打折扣，也是对他人的不尊重、不重视。在平时日常生活中，普通老百姓的仪容仪表尚未有严格的规定，但出门前大家都会梳妆打扮，稍作修饰，以展现自身外在形象之美。国家领导人出席外事活动时，就对仪表有了严格的规定，如果违背规定不仅是个人问题，甚至影响到整个国家的外交关系。我们可以从新闻中看到无论国内或是国外的正规会议，领导人均着正装，严格按照国际惯例穿戴，甚至还会为体现个人外形魅力添加适当的装扮。这种美是文明的标志，个人修养及素质的体现。

三　社会生活美的特征

社会生活美体现在现实的社会群体美之上，是群体创造并共同维护且符合个人根本利益的社会物质关系、精神文化关系及人际交往关系统一协调之美。想要达到社会生活美的状态，个体必须遵守两大原则。一是社会共同制定的基本法则，具有强制性和普遍性，违法乱纪则会受到惩处；二是非强制性的人际关系准则，即道德原则，是人们内心信念支撑的共同认知，违背道德会受到社会舆论的谴责。个体由这些原则连接起来成为一个群体，再构成整个社会，因此社会生活美拥有了共同的特征，表现在以下三个方面。

第一，超强的现实性。社会生活美源于现实社会，是实践的成果，具有很强的现实性特征。社会现实状况制约着美的表现形式，也影响着人们审美的观念和进行审美活动的条件。在阶级社会里，总是存在剥削阶级和被剥削阶级两个群体，当社会处于上升期，剥削实质被利益诱惑所遮盖时，双方则会处于相对和平的环境中彼此发展，这时期的社会生活相对平静，人们安居乐业享受着美好的生活。当社会处于动荡期，利益剥削严重不可逆转时，双方矛盾加剧终致社会变革发生。虽然整个社会要重新经历斗争、改革、战争，但新的政权拥有不可阻挡的生命力，在斗争中展现着革命的悲壮美、英雄美，这同样体现着社会生活美。正所谓"治世之能臣，乱世之枭雄"，都是依照社会现状的不同而定论的。我国历史上有名的"武王伐纣"，从本质上讲是一个新的奴隶主打败了旧的奴隶主建立起新的奴隶统治王朝，但在当时纣王昏庸无道、肆意残害百姓的社会现实情况下，有着十分重要的积极意义和审美价值，展现着周武王的英勇神武之美及周王朝的仁爱慈善之德。再如老一辈革命家经常教育下一代崇尚节俭生活，厉行节约，艰苦奋斗，他们认为这是评判一个人是否内心美善的标准，那是因为他们经历了艰苦的革命战争年代，经历了饥荒遍野的自然灾害年代，在他们眼中，勤俭、朴素就是美的象征、美的追求。今天我们生活在和平年代，物质经济相对发达，生活水平相对提高，在不铺张浪费的前提下，提倡适度消费来美化生活，提高生活质量，也是符合社会生活审美要求的。所以，在评判社会生活美的标准时，我们一定要以现实社会为依据，并随着时代的变化而变化，才能使社会生活审美更有现实意义和价值。

第二，明确的功利性。社会生活美不同于形式美，源于生活，有着丰富的内容，其内容的核心是"真"与"善"。"真"是对现实生活真理的探索，符合社会发展规律及人类进步的就是真理，真理能带给人愉悦的感情体验。我们讲"解放思想、实事求是"，虽然要思想自由，但符合事实是前提，在这个基础上的思想解放才有意义。也就是说，只有在"真"的原则下，我们才能欣赏到"美"，才能用"真美"的眼光去开展审美活动。例如，在经济利益驱动社会发展的当下，环境问题愈演愈烈，最直接影响我们身体的就是大气污染，我们必须用科学发展的观点去解决这些问题，才能还自己赖以生存的地球一个美好的自然环境。在这样的环境里，我们才能从事工作、欣赏生活、懂得审美，这是"真"对美的影响。"善"是一种基本的伦理道德，它的核心是爱和责任。亚里士多德说："美是一种善，其所以引起快感正因为它是善。"普洛丁说："善在美后面，是美的本原。"可见善是社会生活美的基础。我们在评价事物是否美时往往不自觉地带有价值判断，认为对社会有用、对个人有利的事情才是美的，可见善的价值评判已成为美的评价基础，故社会生活美带有明确的功利性色彩，只不过这个功利性是符合社会大多数成员价值观的，具有一定的普遍性。

第三，鲜明的利他性。社会生活美的基础是"善"。善恶本是道德范畴的问题，人们在社会生活中形成多种价值观念，但必须遵守一个统一的大原则，这个原则是符合社会发展及人内心良知的，这就是道德原则。人们首先要遵纪守法，因为法律有强制性和普遍性，是维护社会稳定的有力保障；其次要遵守道德规范，因为人非动物，有自己对社会现象及社会群体的价值判断，有自身对善恶美丑的评价标准。虽然道德规范不如法律规范具有强制性，但它同样支配着人的行为习惯，决定着人的品格良知，在遵守道德规范的同时，就维护着"利他性"原则。利他性指一切把社会利益放在首位的行为准则，是一种高尚的道德情怀，在这种原则倡导下的社会生活美才能体现得更加崇高，社会成员在"利他性"的引导下，审美观念才能更符合社会发展要求。古往今来，有多少贤人志士为国家和社会的发展鞠躬尽瘁、死而后已，范仲淹的"先天下之忧而忧，后天下之乐而乐"，陆游的"王师北定中原日，家祭无忘告乃翁"，王昌龄的"黄沙百战穿金甲，不破楼兰终不还"，林则徐的"苟利国家生死以，岂因祸福避趋之"……都是将国家利益、社会利益放在比自己生命还重要的位置。近代抗日战争、解放战争过程中，这样的例子更是数不胜数。他们的精神已超越了生死存亡、个人得失，表现出的社会美不是一个时代的终结，而是全中国人民永恒的榜样、历史的楷模。因而社会生活美，美在内涵，美在对整个人类历史进步的卓越贡献。

第二节　社会生活美的内容

人是社会生活永恒的主体，有了人的一切实践活动，才有了社会生活美的存在，因此人之美是社会生活美的核心。人之美也是有规律性的。人在创造美和按照美的原则创造万事万物时，同时创造着人自身。马克思讲道："人作用于他身外的自然并改变自然时，也就同时改变他自身的自然。他使自身的自然中沉睡的潜力发挥出来。"[1] 换句话说：人也是按照美的规律来发展的。人的自身美也是实践创造的成果之一，而且是最核心的美。因为在实践过程中，

---

① 马克思：《1844 年经济学哲学手稿》，人民出版社 2000 年版，第 105 页。

只有人们把自身当作审美对象时，其审美活动才更具有社会进步的意义和价值。

一 人的身心美

一般来说，人类自身美包括内在和外在两个方面。"外在"是指外部形体之美，"内在"是指内部心灵之美，二者相互统一，构成人类由外到内、由表及里的发展过程。以下就关于人自身美的四大方面加以分析。

（一）体形之美

不可否认，人是自然界万物的核心，是生物进化最高阶段的产物，但人也受到各种因素的制约，如马克思所说，"人作为自然的、肉体的、感性的、对象性的存在物，同动植物一样，是受动的、受制约的和受限制的存在物"，所以人体美的基础是自然美，是和自然界万物一样最本真的自然美。但在自然界长期演变的过程中，社会实践改变了许多天然的因素，人体美表现出的形体、容貌、体态、五官之美也拥有了社会属性。马克思认为，类生存的全部有限条件造成了个别面貌特点及其经常的表现。例如，有一种久经风霜的面相，上面刻下了种种情欲的毁灭性遗痕，另一种面相显示出了内心的冷酷和呆板。因此，人体美是自然美和社会美的完美结合，我们从动静两态来分析。

1. 静态美——形体、容貌

人的形体、容貌是表现在外、给人最直观美感的内容，包括构成人体特征的自然属性及其组合规律，呈现出的审美特征如肤色、体形、比例、光泽等，因此人的静态美更具客观评判标准。

（1）比例匀称

前文我们讲过形式美中，人体形态美主要指人体各个部分、部分与整体间的比例均匀、和谐匀称，才能给人以感官美，因而常常用"五官端正、体形匀称、眉目清秀、身体健康"来形容人的身体美，可见身体美是有一定客观标准的。世界公认的标准就是按照黄金分割比例塑造的身体美。这个比例是指从脚底到头顶和从脚底到肚脐的长度比等于 1/0.618，而从脚底到肚脐和从肚脐到头顶的长度比也等于 1/0.618，这就是标准的黄金分割比例美。我们先讨论女性之美，以成年女性为例，除了黄金分割比例外，还有三围尺寸，一般拥有丰满的胸部、适度的腰围、挺翘的臀部就是女性美的判断标准，而男性之美，就完全不同于女性，以拳头的最大围长、前臂最粗处围长、脖颈围长、两臂长等为评判美的尺度。人类共同的审美标准也有一些模糊的概念，比如五官端正即为美、女性身材丰满为美、男性身材高大壮硕为美等。没有一定数据的标准也可以用模糊概念来衡量大致的美。当然，我们从人类公认的标准中挑选出身体美的人，除了这些条件外，个人气质、内心品格也给他们的外形加足了分。

（2）身体健康

无论体形有无上述黄金比例，在现代人的审美观念里，身体之美根本在于身体健康，然而这个标准在当今社会出现了扭曲，特别以亚洲地区的女性为突出。她们不断追求体形的苗条，甚至出现了禁食、厌食现象，这其实是对人性美的扭曲。女子苗条在感官上是有一定审美条件的，但苗条的前提是身体健康，羸弱、经不住风雨并不是女性之美，而是"病态美"。世界女子健美冠军比萨里昂曾说过，女子之美在于结构精干、肌肉强健、曲线分明，既能展现身材之美，又能承担一定的劳动，为自己担当的社会角色负责。可见，盲目减肥以求身材过分苗条，并不在美的范围之类，只有身体健康才能拥有光滑细腻的肌肤、滋润有光泽的唇齿、矫健有活力的体魄以及追求真正美的灵魂。笔者曾写过一篇小说，名为《一个灵魂对美的呼唤》，讲一个女大学生原本各方面都很优秀，但由于追求时尚潮流，过分关注自己的身材，导致终日无心读书，疯狂研究减肥方法，开始只是少吃油腻食品和主食，后来发展到不吃主食，再后来就有厌食倾向，体重在两年内陡然减少 40 斤，身体各方面机能出现严重问题，好在家人及时劝阻才挽救了一条年轻的生命。经历了医院的一番折腾后，女孩反思究竟何为美，不是她原先追求的瘦骨嶙峋，而是健康的身体，最重要的是健康的心灵，是来自灵魂深处对真正美的呼唤。可见身体健康是现代人追求美的首要标准，健康是不负现在、追求未来的本钱。

2. 动态美——卧、站、坐、行

动态美是相对静态美而言的，就是人们常说的姿态美，更具积极性、能动性的特点。它不同于构成人体的自然要素是天然而成的，具有一定的社会性、可变性，是形体美与动态姿势美的有机结合。所以我们讲的人体美包含了静态形体美和动态姿势美两大方面，一个展现自然外壳，一个反映精神内涵，因此在评价人体美时，使用"她眼睛很大"和"她眼睛大而且炯炯有神"得到的效果是完全不同的，后者融入了动态美的评价。

人生活在社会上展现出的动态美，无非由他的具体动作来表现，并且这些动作时时都在进行，没有停止的时候，即便是睡觉也是由不同器官的相对运动来完成的。这些动作是人表达思想感情、与他人交流沟通及满足自身需要的必然活动，根据常用动作的不同意义把它分为表情性动作、表意性动作和实用性动作。每个动作承载着不同的意义表达，充当着人在社会交往中的重要传播媒介。当我们的动作恰当地表达自己内心情感世界时，实际上暗含着自由的个性和美的动作性，所以人们常批判"心口不一、口是心非"的人。人们后天的表意性动作和表情性动作是有一定规范的，比如最常使用的握手礼，要表达的是人们相互间的尊重与问候，那么握手的姿势、握紧的力度、伸手的顺序、握手时的表情都有一定的讲究，特别是力度，在不同人的交往中要拿捏得当才不失大雅。类似姿态美的训练及知识还有很多，它不仅仅是一个简单的动作，而是动作背后隐藏的个人修养及素质，借用培根的话说，"相貌的美高于色泽的美，而优雅合适的动作美又高于相貌的美。这是美的精华"。以下我们从人的四个基本动作简要地说明动态美的表达形式。

首选，卧似弓。人们在展现"卧"这个动作时，往往与睡眠休息离不开，这个过程中虽然动作幅度和形式变化最小，但会表现出美与不美的外观感受。一般情况下，侧卧微屈能带给他人视觉上美的感觉，形同平放的"弓"，这是有一定道理的。因为弓形最能体现出人的曲线美；再从健康角度来讲，弓形可以"气海深满，丹田常暖，肾水易生"，有益于人体健康，自然是美的体现。即便睡觉的场所一般不会为外人所见，但优雅的睡姿既是个人良好习惯的展现，也会影响自身的健康。因此"卧似弓"成为动态美的评判标准。

其次，站似松。俗话常讲站的姿势最能体现个人气质，笔直挺拔的站姿预示着生机勃勃的精气神，让观者振奋，使自身信心十足。我们在做礼仪培训时，首先要训练的就是站姿，部队中训练士兵时也有"站军姿"的部分。女性站姿之美在于"婀娜多姿""亭亭玉立"，展现女性的柔情似水、优雅举止；男性站姿之美在于"昂首挺胸""气宇轩昂"，展现男性阳刚之气、胸襟广阔之意。站姿能恰如其分地表现对象的精神气质、神韵底气，良好的站姿也有一定的规定性，比如目不斜视、嘴唇微合、面带微笑、表情自然；挺胸抬头、双臂自然下垂微贴裤缝；臀部微微挺起、双腿并拢、脚跟相靠、双脚分开成 60 度角……这从身体各个部分的配合讲了标准的站姿，实际生活中还要根据场合、气氛、地位的不同来选择优美的站姿，以展现个人的气质美。

再次，坐如钟。"坐"是我们劳累工作后的一种放松休息，但社交中的坐姿却体现着一个人的修养和心绪。坐如钟不是要求完全一动不动，而是要端庄稳重，既缓解疲劳又不失稳重。现代礼仪培训坐姿的要求是：入座要稳、轻；占座椅的三分之二；挺胸立腰同站；面部表情自然；双臂自然弯曲叠放在腿面；谈话时随时调整身体，使正面对着谈话方……这是男女通用的标准，还有男女相区别的。例如，女性坐时要双膝并拢，小腿尽量贴紧；男性则可双腿微分，以示大方开朗。然而，随着现代生活质量的不断提高，生产工艺和新材料的不断改进，坐具也越来越丰富，各种样式、各种材质的坐具随处可见。但在公共社交场所仍不能因自身的舒适而失礼节，"坐如钟"的形态美仍是我们培养自身修养的目标之一。

最后，行如风。行走是四种动态美形式中最富动感的一种姿势，展现的不仅仅是个人身体素质的强健，更重要的是精力充沛、精神面貌良好。行如风说明人体魄健壮，女性即指优雅之风、和美之风，以步履短小、轻快为宜；男性即指迅猛之风、力量之风，以步幅较大、稳重有力为宜。行走时忌饮食、接听电话、嬉戏游乐，既是为安全着想，也是为展现个人品质修养。训练走姿有以下的要求：双目向前面带微笑；双臂前后自然摆动，不刻意强求，大致成30度角为宜；身体挺直，重心略向前；尽量走直线⋯⋯

以上四种动态美的形式连接互动，体现着一个人在实际社交活动中优雅的姿势美以及宁静致远的心思情趣。我们应当努力培养，也要适当地进行有目的的训练，才能达到美的要求。

（二）装扮之美

如果说身体美在一定程度上具有天然性，那么着装打扮就是改变这种天然性的良好途径。装扮包括服装配饰和化妆打扮两个方面。人要着装打扮是源于对更美的追求。随着生活水平的提高，着装打扮的质量越来越高，但如何才能做到装扮之美，是我们研究教育的重点。

1. 装扮美的概念及内容

装扮美给人的第一印象无非打扮得漂亮，除了部分女性有特别的化妆外，一般人对装扮美的判断源于衣着，但对衣裳、服饰、衣服、服装却常常混为一谈，几乎被认作同一概念。实际上，这些概念从广义上讲有相通性，从狭义上讲却截然不同。"衣服"解释为"穿在身上遮蔽身体和御寒的东西，也称衣裳"（《现代汉语辞海》）。"服装"的解释就相对复杂，"服"指"衣服"，"装"指"修饰、打扮"。可见，衣裳、服饰、衣服均指物，而服装则指人着装后的状态，前者为静态物之美，后者则为动态人之美。服装美包含着穿着者这个重要因素，是指穿着者与衣服之间、与周围环境之间精神上的交流和统一，是指这种协调的统一，其所表现出来的状态美。说完"装"，再来讲"扮"，顾名思义就是"化妆打扮"，这是女性的特权，与"装"密切相关。根据"装"的不同环境、气氛、情绪而"扮"上不同的妆容，使二者相得益彰。装扮美是指在穿衣上讲究色泽、款式、饰品搭配得当，在妆容上自然匀称。化妆能显出个人气质与个性为宜，二者相结合就是我们讲到的装扮美的主要内容。

2. 装扮美的功能

第一，服装的功能。服装是装扮美中很重要的一部分，人类历史上对服装发展的记载是从原始社会开始的，服装的使用是人区别于动物的又一表征。但服装的功能却是随着时代的变迁而不断变化的，各个时期呈现出不同的特征。拿服装的材质来讲，远古时期只有纯天然的材质如树皮、兽皮到阶级社会千变万化的丝、棉、麻、锦、帛等材料，服装体现的功能从防寒保暖到蔽体遮羞再到显示尊荣。这个过程中既体现着生产力的发展，也体现着人类审美意识的前进。总结而言，服装具有实用性、象征性、审美性三大功能。

实用性功能。无论时代如何变迁，服装最本质的功能依旧是遮风避雨、御寒保暖的实用性功能。在人们生活的众多物质资料中，"衣"永远排在第一位，一方面是因为它的物理特性，冬季防御严寒，保护身体健康；夏季吸汗排湿，防止皮肤晒伤。另一方面是因为它的精神特征，这是人区别于动物的一大表现。人有道德感，这种道德感让他们知道用服装遮蔽自己身体的害羞部位，服装满足了人"羞耻感"的道德要求。

象征性功能。生产力的发展带给我们的不仅是各种高科技的新事物，也带来了旧事物的改头换面。服装除了实用性功能外，开始作为人体发布信息的一种语义符号展现在大家的面前。最强烈的表现莫过于服装体现的社会等级，明代宋应星有"盖人物相丽，贵贱有章"（《天工开物·乃服》）之说，到今天我们生活的时代，服装仍然不折不扣地区分着人的经济状况、社会地位、职业划分，尤其是一些特殊职业者的制服，其象征性功能体现得更加淋漓尽致。

审美性功能。这是本文讨论的重点，服装的审美性不仅是人们审美观念和角度的外在表现，更是人自身审美价值的体现。服装展现着人的身体之美，显示着不同人不同的体形、体态，如《红楼梦》第十八回中对林黛玉的描述："黛玉换上掐金挖云红香羊皮小靴，罩了一件大红羽纱面白狐皮的鹤氅，束一条青金闪缎双环四合如意绦"，将黛玉娇贵柔弱的体形及小家碧玉的体态描写得亦真亦

幻。黛玉的体态美，配上红、白、青、金相称的服装，更显出她的
风骨。服装还展现着人的脾气、性格之美，不同人的个性不同，虽
无好坏之分，却有美丑之别，这也源于社会实践中人们对自身认识
的不断加深。个性虽是内在的东西，却可以通过个人服装呈现出
来。比如这样一段描述："这个人打扮与众姑娘不同，彩绣辉煌，
恍若神妃仙子：头上戴着金丝八宝攒珠髻，绾着朝阳五凤挂珠钗；
项上戴着赤金盘螭璎珞圈；裙边系着豆绿宫绦，双衡比目玫瑰佩；
身上穿着镂金百蝶穿花大红洋缎窄裉袄"，读过《红楼梦》的人都
知道这是王熙凤，首先映入眼帘的是她的美艳，其次就是她的泼辣
和雷厉风行。不同性格的人在服装选择上自然不同，王熙凤持家，
里外奔波，自然穿得与众闺秀截然不同，她的服装显出了她的性格
之美。人类对服装的认识由来已久，但随着实践活动的深入，服装
就越多地体现着它的审美功能。实用性只是基础，审美性才是服装
最核心的功能。

第二，打扮的功能。打扮同服装一起展现着人类的装扮之美，
但它所占的比重却远不如服装大。提起打扮，人们很自然地把它归
为女性的特殊爱好和特长。其实打扮这个词是男女通用的，就是修
饰外表使其更加富有美感。我们先来说说女性打扮的功能。女性对
外在美的向往及需求程度远高于男性，这使得打扮在女性装扮美中
发挥着重要作用。打扮有很多方式，我们重点讨论化妆。根据个人
对美的不同追求标准，化妆一般分浓妆和淡妆两种。当然也有特殊
职业装，如演员的舞台装，在出席重要场合时女性化淡妆是国际通
用的惯例，因为淡妆可以稍微地掩盖面部瑕疵，达到美化的效果。
而浓妆更适用于休闲娱乐场所，能凸显个人气质，吸引他人的眼
球，其目的和功能仍然是对美的追求。再来说说男性打扮的功能。
男性的打扮相对女性就简单许多，洁净的面容、整齐的发型就是其
打扮的全部要求。打扮展现着男性俊朗、阳光的个人气质，也是装
扮美的辅助手段。

3. 装扮美的审美实践

第一，实用之美。人类实践活动中，只有大众性的、合乎群体

认知的美，才是真正具有普遍性的美，服装或是打扮所体现出的美必定要符合这一要求才能展现其美，在大众的一般观念中，往往先注意到的是一件物品的实用性。因此，实用性是装扮的首要审美特征。而类似于艺术创作中的装扮在大众眼中却称不上美，所以人们只是欣赏服装 T 台秀上的表演，却很难接受自己也穿着同样款式的衣服参加社交活动。装扮的审美性首先是它必须满足人们的需要，即它的实用性，当实用性与美的规律相结合时，就体现了装扮的实用之美。装扮也是我们审美的客体，当客体满足主体实用的需要和形体美的展示时，它就拥有了相应的审美特性。前文我们提到了社会交往的重要性及普遍性，而装扮美是社交的重要手段之一。着装打扮，一方面影响着装扮主体的社交状况及程度，如一身耀眼的服装外加合理优雅的妆容，立刻会引起周围群体的注意，达到社交的目的。再如，一身朴素和谐的服装外加干净的妆容给人以亲和感，决定着个人的社交圈。另一方面，还影响到个人信心的树立，生活中我们常常有这样的感觉，换一身新衣服，心情就要好很多，出门就显得自信满满，或是换个新发型、做个美容，也能让人精神面貌焕然一新，这也是装扮的实用之美。

　　第二，时尚之美。郭沫若先生曾说，"衣裳是文化的表征，衣裳是思想的形象"，服装之美在于它所体现的时代性。人们常常把装扮时尚称为"赶时髦"，其实时尚不仅彰显着个人对潮流审美意识的追求，也反映着时代的变迁、文明的进步。诺贝尔文学奖获得者、法国作家法朗士说："假如我死后百年，还能在树林中挑选，你猜我将选什么？朋友，我将毫不迟疑地只取一本时装杂志，看看我身后一世纪的妇女服饰，它能显示给我未来的人类文明，比一切哲学家、小说家、预言家和学者们能告诉我的都多。"① 足见时尚对人类文明的影响力。服装打扮沉淀着人类文明发展的时代特征，一部中国服装史好似一部中国政治、经济、文化发展史，因此每每出土一件古代服装，其价值就不可估量，因为它承载着历史发展的

----

① 参见张雪扬《服饰艺术与美》，重庆出版社 1987 年版，第 1 页。

足迹。如今天我们可以从众多影视剧里看到的唐朝仕女之装扮，其服装多以长裙、宽袖、束腰、袒胸的造型为主，且佩戴的珠宝首饰种类繁多，妆容多以浓妆艳抹为主，尽显华贵，不难想象当时社会经济的发达、政治的开明、社会的稳定、文明的多元化程度。再到现代社会，装扮的变迁从 20 世纪 20 年代的学生装到 30 年代的中山装、50 年代的列宁装、70 年代的绿军装到今天五花八门的短装、裙装、西装、露脐装，可以说记录着现代社会经济发展推动审美意识变迁的历程。

第三，综合之美。装扮美体现着审美活动的多重属性，具有综合美的审美特征。比如社会美，着装打扮既体现着社会主体的性格、气质、兴趣，又展示着整个社会的文化及价值取向。又如，形式美，人的外在形体与服装的相互映衬更显人体美的风姿，再加上适当的打扮，整个人能焕发新的光彩。再如艺术美，现代社会的服装除了蔽体防寒的实用性外，更多地体现着它的艺术价值，每一件服装从设计师的巧妙设计开始，要通过选材、构图、裁剪、缝纫、熨烫等一系列步骤，才能最终穿在人的身上，犹如雕塑家在雕刻一件心爱的作品。服装就是设计师的一件艺术作品，展现着艺术美的规定性。此外，服装还具备一般艺术品不具备的动态美，因为它的主体人是能动的，服装会因人动作姿势的千变万化，而呈现出不同侧面的美。

人们因装扮得体而显得更加华丽动人，反之装扮也因人的不同形态及动作显现出与其他美不同的一面，装扮美是依附于人而存在的，它把人当作其艺术构成中最重要的因素。曾有一位服装设计师举了很形象的一个例子：我设计的衣服穿在女人身上，得到他人的赞扬是"好漂亮的衣服"，这并不是我的成功，而当人们赞扬"好漂亮的美女"时，我才真正成功了。可见服装本不具备美，只有人着装后的美才拥有审美价值。装扮美也是由内在美和外在美两个方面构成的，内在美关乎人的精神，是气质和个性的体现；外在美要依靠内在美才得以显现。一个品格高尚、气质高雅的人，即便他的服装多么普通、妆容多么一般，也能让人感受到他的美；反之，一个修养极差、言谈举止庸俗的人，即使穿着顶级设计师的作品，高级化妆师为他美容，也遮挡不了他内心的低俗与丑陋。再完美的服装和高档的化妆品，也掩盖不了丑陋的本质，美丑之别在于内心。

（三）风度之美

1. 风度美的概念及内容

风度是自身修养的重要方面，是受一定社会文化影响和审美风气滋润的个人性格、气质、情趣、言谈举止的外在综合表现。《现代汉语辞海》对"风度"的解释是："美好的举止姿态。""风"指的是精神之风，"度"指的是人们精神世界的规范，可见风度的差异源于不同人的不同精神状态，风度之美自然展现的是精神饱满、生命充满生机活力的状态，所以精神美是风度美的根基。风度美是内容和形式的统一，在一定条件下具有相对独立性。恩格斯曾说："人物的性格不仅表现在他做什么，而且表现在他怎么做。"① "做什么"是道德标准，"怎么做"则是审美标准，两者相互促进，却有着明显的独立性，因而就有道德品质优秀、风度也优雅的人，但也有道德品质低俗、风度翩翩的人。风度美是社会发展的产物，除了与其个人内在因素相关，还与所处的时代、地域、民族、职业息息相关。如时代不同对风度美的鉴赏也不同，竹林七贤一心追寻高雅自由奔放的出世生活，被后人称为"贤人"，但今天他们的"清高"就不是大众的审美标准了，而是不合时宜的表现。又如地域不同，造就不同的风度美，我国南方人往往细腻文静，北方人则粗犷豪迈。再如，职业不同形成不同的风度之美，知识分子谦逊谨慎显出"学者之风"，领导领袖指点江山显出"政治家之风"，军事家参军打仗显出"将帅之风"……

2. 风度美的评价标准

第一，内在修养与外在风度的和谐统一。

上文我们提到精神美是风度美的根基，因此评价个体是否具有风度之美首先要从其内在精神与外在美的统一入手。柏拉图就有相

---

① 《马克思恩格斯选集》（第4卷），人民出版社1972年版，第344页。

关描述，"最美的境界是心灵的优美和身体的优美相和谐"①。索菲亚·罗兰在回忆她的一生时写过："美貌并非依赖于少女朝霞般的脸颊，也不是依靠化妆掩饰一个有缺陷的鼻子。美貌取决于我们所有人都能获取的资质：会使你外表得到改善的魅力、热情、学识和想象力。"② 我国先哲孔子同样是一位十分看重他人内在修养的人，曾在见桑伯子时发出"其质美而无文，吾欲说而文之"的赞叹。足见古往今来风度美的这一评价标准是通用的共识。一个内在修养高雅的人，他的行为举止一定是文质彬彬的，内在的精神气质决定了外在美的表现形式及程度。只有内外统一，才是风度美的终极追求。

第二，天然而成与适当修饰的统一。

风度美的产生同样经历了社会的变迁，因此它的形成是一个动态发展的过程，一经养成就有了相对稳定性，无须刻意表现。如果一味模仿或表现，反而有失风度之美。风度之美贵在自然，《红楼梦》中，曹雪芹曾描述了一个很美的场景——憨湘云醉眠芍药裀，其中写道：湘云吃醉了酒寻山石一僻静处，"业经香梦沉酣，四面芍药花飞了一身，满头脸衣襟上皆是红香散乱，手中的扇子在地下，也半被落花埋了，一群蜂蝶闹穰穰地围着她，又用鲛帕包了一包芍药花瓣枕着……口内犹作睡语说酒令，唧唧嘟嘟说：泉香而酒洌，玉盏盛来琥珀光，直饮到梅梢月上，醉扶归，却为宜会亲友"。湘云之所以是众人心中很美的少女形象，是因为她的天生丽质，毫不掩饰的纯真、直率甚至憨态可掬，但越是自然越显得美丽动人。虽说如此，我们也不是完全否定修饰的重要性。一个懂得适当修饰的人，实际上是懂得生活、懂得追求美的人，修饰之美主要体现在"度"上。只要符合审美心理的修饰，都可以为风度美增添色彩。这里的"修饰"，除了衣着、饰品、打扮外，还包括姿态、言谈，这些都是后天形成的用以修饰先天品质的外在表现，就像小说《红

---

① 柏拉图：《文艺对话集》，人民文学出版社 1963 年版，第 64 页。

② 索菲亚·罗兰：《女性与美》，中国文联出版公司 1986 年版，第 2 页。

岩》中江姐表现的那样，一个革命英雄即便是被囚禁在监狱中，仍保持着衣着面容的整洁，特别是押赴刑场时的大义凛然让人真正体会到高风亮节的品质与美好形象的结合。

3. 风度美的审美实践

首先，培养良好的言谈。列宁说，"语言是人类最重要的交际工具"。个人素质除了外貌可以表现一部分外，主要通过其语言表达来展现，一个能自如潇洒地表述自己观点、思想、情感的人，必然给人以良好风范之感。语言本身包含着内容和形式两个方面。从内容上讲，语言美就是要言之有理、言之有用，所说的事要有事实依据，而不是假、大、空，所说的人和物要真实可靠，而不是虚无缥缈；从形式上讲，语言美要言之有礼。常言道，"话有三说，巧说为妙"，就是说话者要善于运用礼貌用语，赞美的话要讲得文雅、高尚、礼貌，批评的话要讲得委婉、得当、适度，还要注意交往场合。正式场合要用书面语，这才能体现语言的艺术性和美感，进而展现一个人的风度。

其次，陶冶性情，培养良好性格。性格这个词在现代社会使用的频率越来越高，成为一个人是否具有良好人际关系的决定因素，并且体现着一个人的风度之美。性格是个性中比较稳定的心理特征，在一定时期内不会变化太大，决定着个人为人处世的方式方法，自然也体现着个人的风度。比如，一个性格散漫的人，做事必定拖拉，为人不大方，人们就会觉得他不具备风度美；一个性格开朗活泼的人，做事也会雷厉风行、毫不犹豫，为人不拘小节、落落大方，人们就愿意和这样有风度的人打交道。可以说，性格美是风度美的灵魂。个人风度特征就体现着他的性格特点，风度美是性格美的派生，所以培养自身的良好性格，是获得风度美的基础。

最后，增长知识，培养高尚情趣。性格是风度的基础，知识文化是风度的内涵。人们常说"知识改变命运"，掌握丰富的知识，不仅是我们改造客观世界的有力依据，也是我们展示自我才华及风度的有效手段。知识文化水平越高，人们对世界的认识就越深入，在不断的深入过程中，反而促进自我品位的提升，在气质上高雅脱俗，在性格上温文尔雅，对于女性来讲这一点尤其重要。在我们生活的世界里，有多少女性因为自身知识层次高加之聪慧靓丽的外表而显得气质优雅、魅力十足。拿主持人杨澜来说，就是最好的例证。她曾讲"书读得少的话，其他练得再多，也还是没有内涵啊。再说，读多点书眼睛会更明亮哦，眼睛里面毕竟是化不了妆的，有些虽然漂亮，但看眼睛的话却空洞无物，蛮悲哀的"。女性的风度美来自合理的意识结构、合情的情感结构及丰富的知识结构。相对女性而言，男性的风度更在于内，博学使人慎思，知识使人明智，学识的渊博更为男性阳刚之风增添光彩，使他们心思缜密，为人做事更加谨慎谦逊，尽显男子之美。此外，知识广博也是兴趣爱好广泛的基础，广泛的兴趣才会培养出高尚脱俗的情趣，才能拥有非凡的气质。因此，青年学生在学习专业课的同时，还应熟悉一些人文社会科学、自然科学、艺术文化等方面的知识，才能全面发展，培养良好的风度美。

（四）心灵之美

前面我们从人体美、装扮美、风度美三个方面阐述了人的身体之美，下面我们将由表及里探讨人的身心美中最深层次的美——心灵美，它是人的本质美。

1. 心灵美的特点

第一，独立性。外在形态美与内在心灵美的和谐统一，是人呈现美的必然条件，二者之间虽然相互联系缺一不可，但各自具有相对的独立性。内在心灵美可以脱离外在美而拥有独立的审美价值，既不依附于外在美，也不会因为没有外在的装饰而失色。这样的例子不胜枚举。孟子有"富贵不能淫，贫贱不能移，威武不能屈，此之谓大丈夫"的赞叹，心灵美的事例在民族战争中表现得尤为突出。古有视社稷为生命的民族英雄，今有以国家存亡为己任的国之栋梁，他们同样具有世界上最美丽的灵魂，这样的灵魂不用外表的任何装饰就已经令人赞服。心灵美丑也会通过人的言行举止、仪表仪态展现出来，如《红楼梦》中对王熙凤这个人物的描写，最精彩的莫过于王熙凤第一次出场，首先是言语。"我来迟了，没得迎接远客"，展示着她在贾府的特殊地位和善于阿谀奉承的习惯。其次是仪容仪表。"一双丹凤三角眼，两弯柳叶吊梢眉，身量苗条，体格风骚，粉面含春威不露，丹唇未启笑先闻"，展示着她雍容华贵的体态和善弄权术的手腕。再次是举止行为。"心下想时，只见一群媳妇丫鬟拥着一个丽人，从后房进来"，展示着她的权力地位和对下人的苛刻严酷。王熙凤是个性格鲜明、内心歹毒的掌权者，从她第一次出场到生命的完结都透露着这个人物肮脏的内在阴谋，"机关算尽太聪明，反算了卿卿性命"，就是她的悲剧人生。可见，心灵美是人生存在世界上展示自身价值和获得生命权利的根基。

第二，稳固性。如前所述，由于心灵美具有独立性特征，也就有了稳固性特征，心灵美的条件和表现在一定时期内一经社会认同就拥有了恒久性，体现着社会积极美好的一面。它的内容很明确，凡是符合社会发展规律和人类发展基本诉求、体现时代精神和民族精神的都是心灵美的表现。心灵美不分年龄，超越肉体而存在，美丽的容颜可能随着时间的推移而丧失光泽，但心灵的魅力却可以超越时间、空间永远留在历史上。古往今来，无数的仁人志士、民族英雄、榜样先锋，将他们的事迹刻入历史的丰碑中，即使若干年后，我们已忘记了他们的容颜，甚至我们的子孙后代未曾目睹过他们的音容笑貌，但他们至高至善的故事、崇高的道德理性和精神意志将代代相传、永不泯灭，这是心灵美稳固性的直接表现。

第三，社会性与综合性。心灵美是人之美的核心，人体美来自天之使然，着装美来自后天修饰，风度美来自人的整体气质，唯有心灵美来自心灵情感在实践中汲取的社会之美，因此心灵美具有社会美的特征，反映着社会理想和社会道德以及社会前进的整体方向。身体的残疾、容貌的丑陋、朴素的装扮，丝毫不能动摇人们对心灵美的追求及赞誉。我们伟大的领袖毛泽东主席一生清贫，但他从小立志参加革命拯救劳苦大众，颇受世人爱戴，成为一代伟人。毛主席的心灵美使他的形象熠熠生辉，成为我们世世代代敬仰的领袖。再如，我们伟大的革命导师马克思、恩格斯，他们的外貌形象并不符合东方人的审美观念，但他们的思想却受到整个中国人民的欢迎，成为指导我们革命实践、社会发展的重要理论基础，因为在他们内心深处爆发着为解救无产阶级而革命的无限激情以及深邃聪慧的思想，并且二人40年来互帮互助的友谊更是让我们赞叹不已。他们都集中地体现着个人思想美、理想美、道德美、才华美的综合，这些美的统一才形成了心灵美的审美特征，因此心灵美是人自身所有美的综合。

2. 心灵美的审美实践

心灵美是一个美的综合体，它的构成既包含智力因素，又包含非智力因素，具体来说是由智慧才华美、理想意志美、道德情操美构成的。下面逐一分析。

首先，智慧才华美。智慧才华美是心灵美构成的基础，源自智力性的因素，包括人的各种实践能力、创造能力、想象力、协调力等，这些能力体现着人缜密的思维、敏捷的反应、严密的逻辑推理，是社会进步的主要推动力量。但是每个个体的天生特长不同，后天的培养环境也不同，我们不能要求各种能力聚集在同一个人身上，而只要发现个人身上某一个闪光点，就足以创造出社会价值和财富了。古今中外那些科学家、文学家、政治家、思想家、革命家等，他们的聪明才华也是集中体现在某一领域。牛顿的科学智慧、莎士比亚的妙笔、邓小平的敏锐聪慧、诸葛亮的运筹帷幄、毛泽东的决胜千里，都是最好的例证。此外，今天我们生活中的各行各业的精英在实践过程中也显示着自身超凡的才华，成为行业的先锋和领军人，人类的智慧才华如同滔滔江水绵延不绝，取自社会实践，反哺于社会实践。虽然我们认同先天遗传对人的智力发展的重要性，但我们更应注重后天教育对人发展的决定意义，因此对青年一代的培养教育是其获得心灵美的重要手段。

其次，理想意志美。理想是我们人生的风向标，是我们前进的动力及精神支柱，而意志则是实现理想的重要保证。拥有坚强的意志，才能在理想遇到现实阻碍时勇于进取、百折不挠。心灵美首先表现为理想意志美。我们先来考察理想，理想以现实为基础，又高于现实，是对未来发展的美好憧憬与期望。它不同于幻想、遥想、梦想，有实现的基础和可能性。我们要为自己未来的发展树立崇高而远大的理想，才能指导我们的人生朝着积极向上的方向前进，因此必须克服脱离实际的幻想和实用主义泛滥的"不想"，特别是对青年的教育，还要注意树立远大理想和崇高理想间的关系。其次，我们考察意志，一个人的理想再崇高，如果没有坚强的意志，也就没有实现的可能。意志是人们为达到某种目的而产生的心理状态，是理想实现的有力保证。科学家爱因斯坦曾说："照亮我的道路，并且不断地给我新的勇气去愉快地正视生活的理想，是善、美和真。"① 理想不但是前进的方向，也是道德意志的体现，革命战争年代有多少民族英雄为了祖国和人们的利益奋勇向前，是挽救危难中的国家的崇高理想让他们舍生取义，不惜牺牲自己的性命，这样伟大的理想造就了他们坚强的意志，在敌人的威逼利诱、严刑拷打面前毫不畏惧，表现出革命英雄的气概，塑造了社会生活中最崇高的心灵美。

最后，道德情操美。道德是善恶评价的标准，是人们自律的准则，一切符合人类社会进步规律的道德规范就是美好的、善良的。道德情操之美表现在人格美、情感美、品德美、作风美上，只有具备上述美的人才能对真、善、美有一个正确的评判标准，才会对社会和他人充满责任心和关爱，才能严于律己、宽以待人。我国颁布《公民道德建设实施纲要》，就是为公民的道德行为提出规范、准则，也说明道德美是培养公民美好心灵、建设社会主义精神文明的重要基础。道德品质和道德行为是密切相连的，道德行为是道德品质的外化行动，道德品质是道德行为的理性提升。道德情操美在于建设美好的个人道德和社会道德。作为教育者，我们不仅要在美育课上传授学生美的理念与美的欣赏，更要在德育课上教会他们习得心灵之美、道德之美的重要意义。

---

① 《爱因斯坦文集》（第3卷），许良英等译，商务印书馆1979年版，第42页。

二 社会实践美

人类社会的每一次生产实践活动，不仅是自身聪明才智、创造能力的体现，也为下一次实践活动提供了必要的物质条件，更是生存活动中追求美、创造美的开端。当劳动主体自由、自主地改造社会、创造财富时，就具备了社会实践美的属性。它同人的身心美并列为社会生活美的两大方面，发挥着不可缺少的作用。社会实践美包含三大方面的内容，一是劳动主体之美，二是劳动对象之美，三是劳动环境之美。

（一）劳动主体之美

1. 劳动身体之美

从人类有记载的历史起，劳动就随之出现了，推动着人类历史的发展。但远古社会的劳动比较单调，多以体力劳动为主，直到今天，我们的生产劳动仍离不开体力。虽然生产活动越来越青睐于机器化大生产，劳动分工也越来越细化，但体力仍然是社会劳动的基础。体力劳动，一方面需要个体健康的身体，另一方面又促进个体身体素质的发展，在劳动过程中首先四肢得到锻炼。人们常说"生命在于运动"，生活中最佳的运动就是生产劳动，在劳动中不但运动了四肢，还运动了大脑，大脑指挥劳动，四肢执行劳动，从而相得益彰。不难发现，生活中从事体力劳动的人，一般四肢粗壮有力，肌肉发达，关节灵活，血流通畅，这是身体健康美的标志。所以，古今中外很多著名画家的作品中记载的劳动者是这样的形象。劳动还可以锻炼人的意志、性格。人们常说年轻人应该多"吃苦"，就是到艰苦的环境中去从事体力劳动，以此来磨炼自己浮躁虚夸的性情，锻炼自身薄弱的意志，这样才能使身心各方面发展成为一个健全的人。

2. 劳动技艺之美

劳动创造美已是毋庸置疑的了，但并不是所有的劳动都能按人们审美的标准创造美的事物，每个劳动者在劳动过程中按照自己不同的意志、情感、能力创造事物，即便他们的意志、情感趋向美的创造，但他们能力、技艺的差别也会导致美的程度不同，因此劳动技艺成为劳动主体美的又一重要条件。一般来说，娴熟的技艺更能创造美，虽然我们无法否认天赋的重要价值，但后天实践对劳动技艺的培训和锻炼也至关重要，劳动技艺越高超，创造的事物就越能体现人的本质力量，越能表现人的主观能动性及创造潜能，越能展现人的劳动主体之美，劳动活动就越有审美价值和意义。劳动者在某方面展现的特殊技艺是其实现审美理想的有力武器。例如舞蹈家杨丽萍对孔雀舞的钟爱，舞者的舞蹈就是她创造的劳动对象。由于杨丽萍多年潜心研究孔雀的生活习性、姿势姿态，才能在自己的舞蹈中超乎常人想象地表现孔雀之美，不仅形似而且神似，让这种劳动创造变得无与伦比，不仅具有劳动创造之美，而且具有艺术创作之美。足见劳动技艺的娴熟，也是劳动主体美的一个方面。

3. 职业道德之美

职业道德和社会公德、家庭美德一并构成社会道德体系。在劳动过程中，我们往往用职业道德来衡量劳动主体的行为是否符合社会道德标准，因为它体现着不同职业对道德要求的不同特点。职业道德体现着一般的社会道德，既有自身的职业特点，又寓于社会普遍道德之中发挥作用。高尚的职业道德是对该职业社会价值的体现，也是劳动主体美的核心。职业道德引导劳动者的价值取向，使其做到"爱岗敬业、诚实守信、服务大众、奉献社会"。在现实生活中，我们最关注的职业道德莫过于医生和教师两大行业，前者关乎生命安全，后者关乎精神灵魂的发展。如果一个没有医生职业道德的人从事医疗工作，受到经济、社会、物质利益的诱惑，治病救人以获取经济利益为根本目的，那么即便他的医术再高超，也没有任何社会价值，反而会危害他人的生命安全，败坏整个社会，道德风气。再如教师如果丧失了职业道德，不但不能给学生树立起良好的榜样形象，反而会带坏学生。青少年是国家和社会的栋梁，其行为意志决定着整个国家未来的发展仕途，教师必须肩负起教书育人、倡导学生积极向上的社会责任，才能体现其职业之美、劳动之美。可见，职业道德之美不仅是社会道德美的体现，更是劳动主体自身美的表达。

（二）劳动产品美

劳动产品是劳动主体劳动的产物，是人本质力量对象化的具体体现。劳动产品不仅具有满足人们日常生产和生活需要的功能，还具有满足人们心理需求和审美需求的特征。随着现代化生产的不断进步和生产技术的日益革新，人们对劳动产品的要求越来越趋向于后者，即审美感观和审美价值的需求。也就是劳动产品要集实用、经济、美观于一身，才会成为人们生产和购买的对象。我们把劳动产品美的标准具体化，不难总结出劳动产品美的具体表现，主要有以下几个方面。

1. 产品外观之美

产品外观是人们选择的首要条件，因为人们在选择产品时，首先会凭主观感受来进行筛选。外观是产品直接作用于人的感觉器官的外部形式，表现在产品造型、色彩、材质、装饰等多个方面。国外一家调查公司曾做过这样的调查分析：到超市购物的家庭主妇由产品外形精美而购买的数量达到购物总量的45%，足见产品外观美的直接影响力。产品外观美包括造型美和色彩美两大因素。先说造型美，造型美既可以是产品本身造型给人带来的美感享受，又可以是产品造型与它所处环境和谐一致带来的美的享受。所以在劳动生产中，我们既要尊重产品设计的形式美构成因素及法则，又要注意产品设计与大众审美观念变化相匹配。比如，现代生活人们都离不开的电脑，世界上第一台电脑 ENIAC 长 30.48 米，宽 1 米，占地面积 170 平方米，30 个操作台，约相当于十间普通房间的大小，基本无外形美可言，而且使用也极不方便。而今天我们操作的各种电脑，外形时尚美观，操作简易，携带方便，还根据不同人群更换不同的外壳颜色及材质，让人们在使用中享受到美的感观及体验。再如色彩美。色彩不仅是人们视觉的感受，还是知觉的感受。前面我们在讲到色彩美时对此做过分析，色彩的搭配讲究美，但也会随着季节环境的变化呈现出不同的感受。比如，在房屋装修过程中，卧室往往会用温和柔顺的色彩来布置，既符合人们审美的体验，又展现出家的温馨与舒适。再如，各个国家对学位的授予，无论是学士服还是学士帽都以黑色为主，体现场合的庄重与知识的高雅。因此，产品外观美是产品自身美的首要表现形式。

2. 产品功能之美

产品功能是人们购买选择时的核心考虑要素。当产品能够满足人的生理或心理上的某种需求时，就具备了一定的功能，这是劳动创造产品的价值所在。但是产品有了功能，却不一定拥有"功能之美"。只有当一件产品集功能、造型、技术于一身时，才有了真正的美感，功能是基础，造型是手段，技术是核心，三者相互配合，才能创造美的产品，我们不能割断其联系，走上"唯美主义"的极端。如现代的工艺产品，少部分拥有实用功能，大多数只能当作居家的摆设，没有实际意义。花瓶就是其中之一，它本身的意义在于插花供欣赏，但设计者独树一帜。笔者曾见过"S"形的花瓶，基本上插不进花，只是摆设。再者，我们也不能完全只看重功能，忽视对功能的外装饰，如电视机的实际功能是播放电视影像，是由众多显像管、电线和电路板构成的，如果不加以外壳装饰，单单是光秃秃的零部件展现在人们眼前，也谈不上美的感受。因此，产品的功能美，不在于功能本身，而在于产品功能与形式美的统一。

3. 产品包装之美

产品的包装犹如人体的着装一般，给产品之美带来新的色彩。良好的包装不仅应该使产品的功能得到清楚展现，还应满足人们的审美感官需求。产品的包装主要依靠外部装潢，即通过色彩、文字、图案激发消费者的购买欲望。装潢之美，一是在于突出产品外部形象，如清明节前后，我国南方出产的新茶逐一上市，对茶叶的包装就相当讲究，特别是名贵茶叶品种，先要确保其新鲜完整，次要体现茗茶之外形美，厂家通常使用浅绿色硬纸筒或铁皮方盒包装，上面印有茶叶采摘或是茶园图案，既显大方又显高雅，符合消费者的审美心理，达到促销的目的。二是在于富有时代气息。市场的现代化要求包装的现代化，只有符合时代审美观念的包装，才能夺得市场席位，吸引消费者的眼球。三是在于要有艺术审美价值。

产品的包装如色彩、图案、结构设计本就属于艺术的一个方面，如果包装得当更显出产品之美。现有很多产品的包装采用文字图案结合的表达方式，文字多以艺术字为主，给人以动感享受，不像打印字体方正呆板、缺乏活力。英国包装师詹姆士说："包装不是以呐喊的方式而是以吸引力的劝诱方式，使消费者对商品形成一个永久印象——难忘的形象。"可见，产品包装美是产品美的辅助手段。

（三）劳动环境美

劳动环境是我们生产的必要条件，直接关系到产品输出的质量和数量及劳动者的情绪。现代化生产过程中，对劳动环境的重视程度逐渐加深。其中包括场地、声音、色彩及光线等方面的考察。首先是场地。在社会分工没有今天这么详细复杂时，劳动环境就单指场地。场地给劳动过程提供场所，是生产赖以存在的基础。现代生产中，十分重视场地的选择和厂房的修建，目的是给劳动者提供优雅舒适的生产环境及高效率的生产设备，使产品质量和数量都得以提升。其次是声音。悦耳之音使人心情舒畅，精神倍增，反之就是噪声，不但影响人的情绪，还影响人的身体健康。因此，在劳动环境的建造中，应该在声音问题上加以重视，可以通过艺术手段来美化声音，在不同的劳动工作区调试不同的音响效果，比如写字楼内应该配有轻柔的乐曲，商场商厦一般配有欢快的音乐，工地工厂一般不配音箱，因为建筑噪声本身存在，如再配音乐，更显嘈杂。还通过技术手段减低噪声，比如消音器的使用、隔音玻璃的使用等。最后是色彩及光线。研究表明，色彩对人的神经系统及情绪有着非常重要的影响，比如多数深色调给人压抑、郁闷之感，特别是黑色，往往让人联想到生命的终结。再如天蓝、浅绿就截然不同，总给人充满生机和希望的心理暗示，使人心情愉悦、精神奋进。而光线也是如此，现代家居选择房型、户型时，特别注意采光的强弱，可见光线在人的视觉感受中占有很重要的位置，但在劳动环境的光线选择中，要注意既保证光线充足，又不刺眼、耀眼为宜。总之，劳动环境作为劳动活动的辅助手段，也发挥着相当重要的积极作用，在提高生产力和文明增产的过程中，创建现代绿色工业文明，值得我们深思。

　　社会生活美，美在人体，美在劳动。我们首先要从自身出发，建立美的理念，训练美的能力，创造美的事物；还要从外部环境入手，辅助美的生活创造。审美教育活动的开展，也要围绕社会生活美的主题，设计相应活动，使受教育者享有美的体验，创造美的存在，并以此净化自身心灵，提高自身修养，做真正懂美、爱美的人。

第三节　社会生活审美与大学美育

　　社会生活美属于较高层次的美，关乎人的心灵之美，在对大学生进行审美教育时，要把社会生活美放在重要的位置，主要注意以下三个方面的问题。

一　利用社会生活小事件进行大学生美育

　　社会生活美源于日常生活，往往是一些平常与琐碎的事情，所以对大学生进行社会生活审美教育时，要从身边的小事出发，把握学生心理，用生活中小的事例感动他们，达到美育的目的。以前我们的教育常常是大话式教育，一味地说教让学生产生的是逆反心理，这种心理阻碍着他们对社会美的感知与体悟。其实，社会生活美的内容十分丰富，包括亲情、爱情、友情、正义、善良、勇敢、无私等，这些都存在于大学生身边，是他们所熟知的领域。我们在对大学生进行审美教育的过程中，应该从他们身边遇到的或是可能会遇到的感动事例入手，引导他们明白美处处存在，且就在身边。社会生活美就是能让自己心灵为之感动的一个微笑、一句礼貌用语、一举手、一投足，甚至是一个肯定的眼神。2017 年在微信平台上流传着这样一幅图，老两口都是清洁工，当问到他们的心愿时，他们举着的牌子上写着："年轻人，少放点鞭炮！让我老伴早回家过年！谢谢体谅！"有多少大学生看了这幅图都主动转了下来，想让更多的同学看到，并做到少放鞭炮，既是对环境的保护，也是对清洁工辛勤劳动的尊重。这幅图已被很多思想政治教育课教师作为教学案例给学生讲述，这样的例子源于最平凡的生活，却最让人动容。只有人与人之间的相互理解，才能建立最和谐的人际关系，创造最有利于自我发展的社会环境，这就是对心灵美最好的社会生活审美教育。

二 将社会生活美与艺术美结合起来

社会生活美散落在我们生活的点点滴滴里，需要有一双发现它的眼睛。如果能将社会生活美与艺术美结合起来，那么大学生美育工作就会收到事半功倍的效果。作为美育课教师，我们应该给学生一些形象的东西，把社会生活美更具体化、形象化，呈现在学生眼前，指导他们感悟社会生活美，学会思考和理解社会生活美。例如，我们可以在校园里举办摄影展览，发动学生用相机或手机记录下发生在自己身边的感人至深的场景，用艺术美的形式来渲染社会生活美，更容易被大学生接受。还可以举办大学生辩论赛。笔者曾经在一个学校参加辩论赛做评委，辩论的题目正方是：女生长相美比心灵美重要，反方题目是：女生心灵美比长相美重要。辩论双方积极收集资料，举出了许多关于心灵美的事例，把那些至善至美的道德行为化作一个个小的故事讲给学生，这样的教育形式更容易被学生接受。除此之外，用艺术反映社会生活美的形式还有很多，如诗词、散文、歌曲、绘画等。2015 年春晚，刘德华一首《回家的路》，让许多在外地工作、上学的人感动流涕。其中有一句"回家吧，幸福。幸福，能抱一抱父母……"对我们的在校大学生来说，这不就是最好的感恩教育吗？当他们离开父母，来到陌生城市上大学时，唱着这首歌，想一想曾经与父母朝夕相处的美好时光，也许比课堂上教师一味地说要"孝敬父母"更有启迪作用。这些反映亲情、友情、社会之美的作品，将打动学生的心灵，让他们从心底深处珍惜人世间至纯至善之美。

三　加强大学生对社会生活美的认知和理解

大学生正处于身心成长的重要阶段，体能的发展依靠体育锻炼便可完成，但心理的成长却需要更多的教育与引导。市场经济环境催生的不仅仅是丰裕的物质生活条件，还有唯利是图、不思进取的堕落思想。大学生处在一个相对封闭的环境中，仍然会受到不良社会风气的影响，特别是现代大学教育要求与社会实践相联系，让大学生提早接触社会，更增加了被不良风气影响的风险，这就要求我们对其进行社会生活美的认知教育，让他们更好地理解什么是真正的社会生活美。举一个最简单的例子，当大学生的个人利益与集体利益相冲突时，他们应做出怎样的选择。作为大学美育课教师，我们应该启发学生形成这样的认知：集体利益高于个人利益，只有集体利益最大化时，个人利益才能得到满足，保护集体利益，积极维护集体利益，也是社会美的一种表现。只有学生树立起这样的观念，才能更深刻地体会和理解社会生活美的内涵，从而促进自身道德感的提升、责任感的增强，美育的作用才能凸显出来。

第八章 艺术审美教育

艺术属于社会意识形态范畴，是人们利用感性的外在对象来反映现实生活本质，以表达自身情感及审美评价的具体方式。艺术的表达实际上是对现实生活的反映，这种反映既是真实的，又是能动的，更是丰富多样的。

第一节 艺术审美概述

一 艺术及艺术审美的内涵

（一）什么是艺术

1. 艺术反映现实生活

生活不仅是我们赖以生存的必要场所，也是艺术创作的根源与基础。艺术不同于理论创作，离不开现实生活中的感官形象。例如科学理论介绍飞禽鹰时，往往使用抽象的概念、语词来描述鹰的主要特征，如它的种类、构造、习性、繁殖、分布等。这些基本上脱离了这个动物的具体形象，我们可以从理论中辨别鹰，却无法从现实生活中辨认出鹰。而艺术家口中、笔中的鹰，却有着鲜明的外在形象，歌唱家用激昂的歌词展现鹰的不卑不亢，画家用手中的妙笔描绘鹰的威武英姿，作家用生动的语词表现鹰的雄健有力。以上种种都离不开鹰的具体形象，展现给受众的也是具体的鹰，让人们在理论学习后，感性认识能够得到进一步发展。

2. 艺术是能动地反映现实生活

现实生活虽然丰富多彩，但如果没有人们能动的社会实践，仍然是没有活力与激情的白纸。艺术家的生活实践及体验就成了艺术能动地反映生活的重要条件。他们在创作艺术作品时，除了需要专业的艺术技能外，更多的是自身对生活的把握、认识、评价，并在此基础上加入意志、情感、审美的精神特征，使生活在他们的创作中显得栩栩如生、充满活力。例如《红楼梦》中，共有七百多人的描述，有的是轻描淡写，有的是浓墨重彩，每个人物的形象、语言、情感完全不同。如果曹雪芹没有长时间在大家族生活的经历，就不可能有如此细微生动的描述，我们也就不能了解当时历史背景下的大家族生活，不能理解他创作的目的和现实意义。

3. 艺术反映现实生活的方式是多样的

艺术反映现实生活的方式是多样的，内容是丰富多彩的。现实生活的多样性为艺术创作提供了千姿百态的众生相，是艺术创作源源不断的素材库。因此，艺术家的作品是万紫千红、形式各异的，有时是现实的直接反映，有时却因种种不能直接表达自己的情感，而借用脑中共识的意象来抒情达意，这些作品显得比直抒胸怀更有内涵和深度，暗示着生活的真谛及哲理。例如，我国四大名著之一的《西游记》，就是这样的典型事例，这部著作几乎老少皆宜，但在不同的成长阶段读出的深度却截然不同。孩童时被著作中形色各异的妖魔鬼怪吸引；中年时被作者针砭当朝政治的勇气与智慧叹服；老年时带着赏玩、带着品味再次读《西游记》，又有了新的人生思考。可见，艺术作品对现实生活丰富多彩的总结是人们实践经验的总结与感悟，二者相互促进、共同发展。

（二）什么是艺术审美

艺术审美是审美活动的又一表现形式，这个活动的审美对象、审美形式及审美方法与前面所讲的形式审美、社会生活审美等既相互联系，又相互区别。艺术审美的对象是艺术作品和艺术形象，审美的表达实际是人的本质力量在艺术作品中的显现。艺术是美的，因为它的蓝本是现实生活，在艺术家富有创造力的加工后，拥有了美的特征，供人们审美欣赏，以此达到艺术审美的终极目的。不论是哪个领域的美，都可以被艺术家经过艺术的语言概括、提炼，最终成为艺术审美的客体。

艺术审美的本质仍然是对现实生活的反映，是艺术家能动地创造审美客体、审美主体主动地参与审美活动的过程。离开了现实生活，艺术审美就失去了创作的基础。每一部伟大的作品背后，都隐藏着一段丰富的生活经历，否则很难有深刻感人的文学作品。孔尚任经历十余年，三易其稿而完成《桃花扇》；曹雪芹"批阅十载，增删五次"，著成《红楼梦》；《镜花缘》的创作和李汝珍在板浦的生活，有密切关系……艺术来自生活，同时需要艺术家发挥主观审美想象力和创造力，对自己经历的一切风风雨雨加以艺术化的处理、提炼，才能成为艺术作品。

艺术审美与艺术既相互联系，又相互区别。艺术审美的对象是艺术作品，艺术作品中蕴藏着艺术审美活动，是审美的载体。二者相互区别，艺术审美的对象是美的代表、美的反映，而艺术作品却因创作的背景、深广度不同，表现的艺术形象有高低层次之分、美与不美之分。也就是说，艺术审美的对象是美的，而艺术作品反映的形象却不一定都是美的，如艺术家因自身能力的差别、生活阅历的差异创造出的作品，必有高低层次之别。有些艺术形象就高雅优美，冲击人的视觉，洗涤人的心灵；有些艺术形象就低俗丑陋，让人感到不舒服，甚至误导人们对美的追求。我们这里讲的艺术审美，是指那些能够深刻反映生活本质，具有优雅、美丽的审美形象的艺术审美活动，并以此达到艺术审美教育的目的。

二 艺术审美的特征

第一，艺术审美是对典型形象的审美活动。艺术审美的对象是具有一定典型形象的事物，因为事物的形象越鲜明，个性就越突出，揭示的社会本质现象就越深刻。孟德斯鸠就有"美在典型"的观点，典型的形象是我们审美活动的首选对象，也是审美教育的重点。我们之所以对曹雪芹《红楼梦》中的人物爱不释手，就是因为他在努力塑造各种典型形象，有大家闺秀的矜持、小家碧玉的优雅、管事人物的精干、领导集团的智谋，还有小人物的趋炎附势、纨绔子弟的昏庸无能、小市民的斤斤计较等。各方面典型形象的对比，让整个著作的艺术气息更浓，揭示的生活本质更深刻。读者在审美活动中感受着美与丑的对比，更容易发现美、摒弃丑。由此，我们可以感受到艺术审美中典型形象塑造的重要性。

第二，艺术审美是内容与形式统一的审美活动。艺术审美是内容和形式相统一的审美，不同于对自然的审美侧重形式，对社会生活的审美侧重内容，内容和形式在艺术审美中是同等重要的。只有两方面的和谐，才能达到艺术美的效果，审美活动才有意义和价值。例如，我们欣赏伟大的艺术作品《断臂的维纳斯》时，首先欣赏到的是她优美的外形，身材婀娜，体态丰满，腰肢柔韧，体现着成熟女性之美，这是形式之美；再者是维纳斯温柔妩媚的眼神、姿态，让人感受到女性之柔美及母亲之慈爱，整个塑像不是呆板的雕刻，而是充满生命的活力和精神的凝聚，这是内容之美。艺术审美之最高境界在于它是美的内容与形式的完美结合，也是我们进行审美教育的有效途径。

第三，艺术审美是对纯净美的赏析。现实世界中，无数件珍贵的艺术品被保留下来，是因为它们有着其他审美对象不具备的永恒性的审美价值。艺术审美不仅是对永恒美的赏析，也是对纯净美的推广，有利于我们身心健康地发展。首先，艺术美是对纯粹美的赏析。世界上万事万物不可能全部都按照美的规律组合及发展，难免还有丑的事物，自然界有，人类社会更是层出不穷，但艺术审美的对象却是艺术家审美意识物化的结果。在我们赏析时，就已经得到了初次"去粗取精"的筛选，因而艺术审美活动是对世界上纯净美的追求。其次，艺术美和自然美一样具有永恒存在性。自然美经过数千年甚至更久的风化也能保持美的形态，艺术美则可以通过各种艺术作品的传承保存下来，供世世代代欣赏，这样的例子不胜枚举。古今中外流传下来的艺术作品，都已成为各个国家的精神瑰宝，洗涤人们心灵，得到美的享受。人们看到了这些艺术品对美育的重要作用，用"非物质文化遗产"之名保护着它们。

值得注意的是，艺术家用自己的大脑创作、双手制造的各种审美意象不全是美的，原因在于任何美都是在对比中才显现出自身外在的形象美和内在的意义美。艺术家往往喜好使用对比手段进行创作，更有利于人们认清美丑的本质之别，使美的事物更显出美的特征。艺术审美活动归根结底的目标是追求美，因而既可以用美的事物熏陶受众，达到共鸣，还可以用丑的事物教育人们，向美的方向看齐，用这种对比的方式教育受众，更能达到美育的效果和目的。

三　艺术审美的表现形式

艺术美有多种表现形式，因而对艺术的审美活动就有多种途径和方法。根据不同的艺术类型，将审美活动分为以下几类。

（一）语言艺术的审美活动

人们喜闻乐见的语言艺术往往指的是文学作品，包括小说、散文、诗歌、戏剧等，因为它们是对现实生活的反映，不同于形式审美过于抽象，而是与人们日常生活最为贴切，特别是百姓文学，有时讲述的就是老百姓生活的琐事。语言是艺术表达的重要手段，它的存在有其特殊性，一是表现范围之广，二是表现对象的非直观性。语言的使用可以不受时间、空间限制，随时随地都可以开展语言艺术审美活动。但是语言的非直观性决定了语言艺术审美必须由受众亲自完成，因为它需要读者阅读、思考、想象、理解等能力的综合，才能达到预期目的。在此过程中，人与人之间由于生活经历和知识储备的不同，会出现不同的理解。"有一千个读者就有一千个哈姆雷特"，因此语言艺术审美活动，有更多的自由想象空间。

（二）造型、表演艺术的审美活动

造型艺术，顾名思义，就是空间艺术或外形艺术，借助一定的外部材料使用线条、色彩等构造方式塑造立体的艺术形象，表达情感，反映生活。常见的造型艺术有雕塑、建筑、绘画、工艺等。对造型艺术的审美，要求受众具有一定的艺术审美能力，因为造型艺术往往比较抽象，内涵意义隐藏较深，在赏析中必须结合生活经验，抽象出事物的本质含义才能达到造型艺术审美的目标。

表演艺术相对造型艺术更显生动、活泼。它通过表演者自身的动作、言语来表达自己对生活的感悟，以此同化受众，达到感情的交流和精神的共鸣。表演艺术的表现形式多种多样，通常有舞蹈、音乐、体育运动中人们所塑造角色的表演等。它们有一个共同特点，就是以审美动作表现出来，供人们欣赏和感知，是表演和欣赏两个过程的统一。

（三）综合艺术的审美活动

综合艺术是通过采用多种艺术手段塑造出综合性艺术形象的艺术，具有造型、表演、语言艺术等多种艺术的综合性特征，主要的表现形式是电影、电视剧、戏剧等。

综合艺术通过多种艺术手段可以将生活的真实场景和画面展示在欣赏者面前，通过语言、动作给人的视觉、听觉带来"刺激"，使人往往有身临其境之感。因此，综合艺术往往比单一艺术形式更具有表现力和感染力。

第二节　艺术审美的方式——艺术欣赏

艺术欣赏是指在人们遵循一定的审美规律对艺术美的理解和把握的一种审美实践活动，体现了主客体的相互统一。在艺术欣赏过程中，人们通过对艺术作品的认识和感受，让艺术作品的审美价值体现出来，使其能够发挥一定的社会功能。

一　艺术欣赏具备的审美特征

（一）艺术欣赏是一种感觉与理解、感情与认识相一致的过程

艺术形象是艺术家对现实生活加工、提炼的结果。艺术美的审美特征之一，就是"具有主客观相统一的意识形态性和主体创造性"。因此，艺术形象蕴含了丰富的社会内容和艺术家的主观情感意志、审美理想。它往往是比较复杂的，既具有生动、具体的可感性，又有内在思想的深刻性。

（二）艺术欣赏是感性认识与理性情感的统一

艺术形象的塑造是以艺术家对现实生活的认识为基础，然后经

过加工、提炼后产生的。因此可以说，艺术形象充分体现了社会内容和艺术家的主观情感意志的统一。艺术欣赏要求必须对艺术形象有一个全面深刻的认识，这往往是一个复杂的过程，单纯的感性认识不可能完成此项任务。我们必须由感性认识上升到理性认识，从形象思维上升到抽象思维，这样才能很好地把握艺术作品的深层内涵，对艺术作品反映的社会生活本质做到全面深刻的认识和理解，从而引起强烈的美感。例如，我国著名画家罗立中先生创造的油画《父亲》，描绘了一位饱经沧桑和生活艰辛的老农形象。画作采用写实的方法，如，老人干瘦的脸上布满沟壑般的皱纹，干裂的嘴唇，仅剩一颗的门牙，深陷的眼睛，犁耙一般的大手，捧着破旧的粗瓷碗。为什么朴实憨厚的神态能引起人们的美感呢？因为我们可以从主人公的这些特征联想到劳动人民勤劳简朴的高贵品质。如果离开了这样的理性认识和理解，仅仅从画作表征出发，就无法把握其中包含的社会生活内涵，也就不可能有情感体验，对艺术作品的美感也就无从产生。所以，艺术欣赏过程就是感性认识和理性情感的统一。

（三）艺术欣赏是能动的再创造

艺术欣赏是主体和客体相互交流的过程。德国的美学家伊瑟尔持有这样的观点：经典的文学作品都会展现出艺术的审美的"两极"。一极是作者的作品本身，另一极是通过读者自身的经验实现的。文学作品创作过程之后，作品并未"真正完成"，只有通过读者的阅读和接受，才能最后使作品变得完善和完美。一部优秀的作品，情节、内容无论怎么精彩，也会留下许多"缺憾"和"空白点"，需要读者通过阅读中的想象去完成。在对文学作品阅读过程中，读者都会随着作品情节的深入而进行积极的思维，并且借助自己丰富的想象力把作品塑造的形象进一步"补充"得更加生动和具体。读者通常会从自己的"生活和文学的期待视野"来审视作品。这里的"生活的期待视野"，通常指读者的生活背景、所受的教育水平背景以及读者自身的价值观念等；而"文学的期待视野"通常指他对文学自身的理解，包括在先前阅读中学习而形成的审美素养和经验。由于每位读者的生活期待和文学期待的不同，导致不同读者对同一作品的接受程度和内容理解上不可避免地形成了各种差异，对原作品内容的联想和"延伸"会出现很大的不同。这些差异和差别从本质上讲，正是体现了艺术欣赏再创造的特征。所以才有了那句著名的文学谚语："一千个读者，一千个哈姆雷特。"

此外，艺术欣赏的再创造过程，可以分为直接和间接的再创造。直接再创造是审美主体对原始作品的直接欣赏而产生的；间接再创造是审美主体对原始作品的演绎形式的欣赏而产生的。这种再创造相对于原始作品而言是间接的，相对于演绎后的作品而言则是直接的再创造。比如，读者在阅读我国古典四大名著之一的《三国演义》时，对三国人物的理解和认识属于直接再创造。而在观看电视剧《三国演义》时，对其中人物的理解和认识，相对原著来说是间接的再创造，而对于电视剧而言又可认为是直接的再创造。再如，齐白石以清代诗人查慎行《决实君溪边步月韵》一诗为蓝本，创作出的国画《蛙声十里出山泉》，呈现出这样生动活泼的景象：乱石交错的山涧中，一条溪流缓缓淌出，溪流中的蝌蚪三五成群顺流而下。这不免给人以丰富的联想，静谧的山林中，潺潺的流水，伴着清脆的鸟鸣，清新、恬静的图画自然展现在人的脑海里。在这里，画家的画是对诗人的诗的再创造。我们欣赏画而产生的联想，是对齐白石画的直接的再创造，而对查慎行的诗而言则是间接的再创造。

（四）艺术欣赏是再评价的过程

艺术作品是形象与思想、形式与内容、景与情的统一。艺术作品源于现实又高于现实，是对现实的集中体现和升华。艺术作品一般来说是对现实生活中典型形象的提炼和再塑造。由此可以说，艺术作品是艺术家通过对现实生活的体验和理解而进行的创造，是艺术家主客观世界的统一，本身就包含着艺术家对自身所认识的社会生活的再评价过程。然而，艺术家的这种评价并不显见，这正需要借助艺术欣赏来发掘和体会。在艺术欣赏的过程中，读者借助理性思维对艺术作品进行分析和解读，从而达到对艺术家情感和思想的认识、感受和评价。这种评价不但可以是对艺术家艺术作品的评价，还可对艺术家作品所依据的社会原型进行再评价。例如，人们在观看依据名著改编的电视电影作品时，不但会对电视电影作品本身进行评价，同时还会同原著进行比较分析，这个过程就是再评价。

二 艺术欣赏的特点和方法

艺术欣赏是一种精神活动，通常指欣赏者对艺术作品的形象和内容的具体把握，以及再创造的过程，也是人们发现美、认识美和感受美的过程。

艺术欣赏是艺术作品的审美价值能够实现的途径和桥梁。任何艺术作品被人们接受，对人们施加审美教育的影响和作用，都必须通过艺术欣赏来实现。通过艺术欣赏的过程，一方面，欣赏者能够得到艺术享受，使自己的精神得到愉悦，情感得到熏陶。另一方面，艺术家的艺术作品才能体现出它的社会价值。例如，我国古典小说中的形象，如关羽、林冲、孙悟空、林黛玉……这些艺术形象之所以称为经典而为人们所熟知，其重要原因就是这些古典名著一直以来为大量的读者所欣赏。假如一件艺术作品没有人知道和欣赏，那它的价值就无从体现。

（一）艺术欣赏的特点

艺术欣赏就是运用理性思维来认识和把握艺术作品和艺术形象的过程，是情感与理性相互统一的一种精神活动。在此过程中，具备如下方面的特点。

第一，艺术欣赏以感觉与理解为起点。在艺术欣赏的过程中，起点往往是对艺术作品的感觉与理解。欣赏者一般会通过自己的感觉感知艺术作品的形式形态，进而把握作品蕴含的思想和情感。以此为基础，欣赏者利用自身具备的审美能力和经验，对作品的思想、艺术特征和审美价值进行深入的分析和挖掘，做出评价。因此，可以说艺术欣赏是感性与理性相互统一的过程，而这个统一通常是以感觉与理解为起点的。在此基础上，欣赏者进一步借助自己的个人生活经验和想象力，能够更好地感受到艺术作品的美。

第二，艺术欣赏始终与情感相伴。在艺术欣赏的过程中，对艺术作品塑造的形象始终是人们关注的重点，以形象感染人，同时以情感感动人，这就是优秀艺术作品的共同特征。通过对艺术形象的关注，用心去感受艺术家在作品中倾注的情感，这样才能受到艺术的熏陶，才算是达到了艺术欣赏的最终目的。换言之，在整个艺术欣赏的过程中，关注艺术形象，体验情感是紧密相连的。例如南宋著名诗人、词人陆游的词作《钗头凤·红酥手》："红酥手，黄滕酒，满城春色宫墙柳。东风恶，欢情薄。一怀愁绪，几年离索。错、错、错。春如旧，人空瘦，泪痕红浥鲛绡透。桃花落，闲池阁。山盟虽在，锦书难托。莫、莫、莫！"读到此词作时，在读者脑海中浮现的是一位满面愁绪、极度苦闷的文人形象，也可以领略到在词作中作者倾注的极其浓厚的情感因素。作者首先追忆往昔美满的爱情生活，而后又感叹被迫离异的痛苦。这样的艺术作品感人至深，往往也使读者能够深入其中的情感而不能自拔。

第三，艺术欣赏是精神愉悦的过程。艺术欣赏有其特有的教育教化功能，往往是通过作者融入作品的理性情感内容去感染、打动欣赏者。这个过程总的来说是一个精神愉悦的过程。艺术作品的这种教育教化功能，不是强制性的说教，而是借助审美实践活动，使欣赏者在审美中得到美的体验，同时能够产生情感的共鸣、心灵的交汇。在这个过程中，人们往往感觉到艺术欣赏是乐趣，是享受。即使人们欣赏的艺术作品如影视作品是悲剧题材的，明知看了之后会悲伤流泪，但仍然会义无反顾地去观赏。人们伤心落泪之后，感受到的仍然是情感的积极释放与升华。由此可见，艺术欣赏过程情感愉悦的作用，表现得十分明显。

（二）艺术欣赏的要求

1. 提升艺术审美修养

马克思说："如果你想欣赏艺术，你必须成为一个在艺术上有修养的人。"艺术欣赏的一个基础条件就是要求欣赏者要有一定的审美修养，因此，审美修养的提升是艺术欣赏首要解决的问题。

审美修养包括的内容十分丰富，如审美经验、审美能力、生活阅历、知识储备、艺术涵养、文化素养等。审美能力是其中的核心内容。审美能力包括对美的理解力、感受力、想象力等。通过加强美学知识的学习和实践的锻炼，丰富生活阅历，增加知识储备，进而更多地接触和欣赏优秀的艺术作品，提高对审美的感受和理解能力，这些都是审美修养提高的必要途径和方法。

2. 端正艺术审美态度

在艺术欣赏的过程中，要想得到更好的艺术享受，端正审美态度至关重要。在欣赏作品时，必须用积极健康的审美态度，避免以下三个方面的误区。

一是认为艺术欣赏是单纯的消遣。在艺术欣赏中，对一些作品进行欣赏时，不对艺术作品进行深层次的体验和分析，单纯是为了消磨打发时间。二是在艺术欣赏时，抱有猎奇心理。在欣赏诸如小说、影视作品时，单方面追求情节方面的惊险和离奇，从而达到感观方面的强烈刺激。三是欣赏态度庸俗。在艺术欣赏中，对于作品不是去粗取精，反而追逐其中的消极部分，这样的艺术欣赏是不健康的，甚至是有害的。因此，艺术欣赏中正确的审美观、端正的审美态度，十分重要。

3. 坚持点面相结合

艺术作品源于生活又高于生活，对形形色色现实生活的反映和表达不可能做到面面俱到，往往是对重点会有所侧重，浓墨重彩。这是各种形式的艺术作品都具有的共同特征。例如散文中讲究的"文眼"，戏剧中人物情节的"冲突"，雕塑形象中人物的眼神和表情，相声中的"包袱"，小说中的情节主线等，这些都是艺术作品的"关键点"，也是艺术作品蕴含的价值。在艺术欣赏时，这些是应该重点把握和分析的内容。

此外，一部优秀的作品往往是在重点突出的基础上把握全局，对社会生活做总体的反映。所以，艺术作品的欣赏，在"关键点"把握的前提下，还应对作品总体的风貌有所掌握。将作品还原于生活，将作品的"关键点"放到整体的社会背景中去考察。只有这样，才能真正理解艺术作品的完整性和美感。

4. 了解艺术作品产生的背景

艺术作品是对社会现实生活的反映，所以它的产生必然是在一定的社会背景下完成的。艺术创作者所处的时代条件、生活阅历、思想情感都是艺术作品产生的社会背景的重要内容。因此，为了更好、更全面地把握艺术作品，就要深入了解艺术创作者所处的时代与社会背景。譬如，鲁迅的小说《故乡》，通过对典型人物闰土在少年时代和中年时代与小说中的"我"见面时表现出的不同行为性格的刻画，反映了近代半殖民地半封建社会之下农民受封建礼教剥削、愚弄和毒害的社会现实，控诉了封建制度的残酷性和反动性。作者的目的是要通过小说的形式唤起人们对封建制度的警醒和反抗精神。

5. 掌握艺术作品比较和鉴别的方法

在艺术欣赏的诸多方法中，比较鉴别是非常重要的方面。通过对艺术作品的比较，能够看到不同作品所反映内容的异同，从而更好地把握不同作品的不同风格。例如，同是以《笑》为题，冰心和许地山的散文就既有异曲同工之妙又各有特色。通过仔细比较，我们会发现，二者都将生活中的"笑"这一常见的形象与浓厚、真挚的情感高度相融，细致感人。但二者又有鲜明的特色和差别。冰心的散文语句通畅，词语精妙，富有诗意，而许地山的散文语词质朴，形象生动，情趣浓厚。

在艺术欣赏时，对作品的鉴别是艺术欣赏的又一重要方法。艺术作品有优秀与低劣、经典与普通之分，这就需要进行鉴别。通过鉴别，艺术作品的优劣与高下就显而易见了。这样我们就可以让优秀的、经典的艺术作品更加富有影响，流芳于世，更好地体现自身的审美价值。

第三节　艺术审美与大学美育

艺术美是艺术作品的美，所以艺术美的审美功能是以审美为中介的艺术作品的综合功能。作为一种特殊的意识形态，艺术具有区别于其他意识形态的审美属性。这种属性很奇妙，它可以激发人们的兴趣，以致对周围的一切事物产生一种特殊感受。这种感受就是我们说的审美感受。在这个感受中，人们根据不同审美理想做出判断，或是对美的崇敬或是对丑的憎恶，以此陶冶性情，达到服务于社会发展与人类进步的目的。离开艺术作品的审美属性，艺术作品就丧失了自身质的规定性，也无异于取消了艺术本身所能发挥的独特社会作用。然而，艺术作品的功能绝不是纯粹的审美。排斥"功利"，鼓吹"唯美"，其实是一种特定时代、特定现实所决定的功利的特殊形式而已。

以审美为基础的艺术教育的功能，主要体现在哪些方面？苏联美学家斯托格维奇批判地吸取了前人和当代学者的研究成果，多维度地考察了艺术功能问题。他认为，艺术功能是有主导、多侧面的综合系统，其中较为普遍的艺术功能有 14 种，即认识功能、预测功能、评价功能、暗示功能、净化功能、补偿功能、享乐功能、奖励功能、启迪功能、交际功能、社会组织功能、社会化功能、教育功能和启蒙功能等。显然，这样的分析有烦琐重复之嫌。艺术审美教育作为一个多维的综合系统，对大学生审美能力的培养有着相当重要的作用。

一 寓教于乐

艺术美往往给人以愉悦的精神享受，作用于人的感觉器官。其他门类的意识形态对大学生的作用主要是"耳提面命式"的，往往以"事实逻辑"来征服大学生的理智，使他们服从与接受，哲学、伦理学、社会学、经济学等无不例外。唯独艺术，不同于它们，是依靠感观形象、情感渲染来打动读者，首先用美好的情感让你情绪激动，美妙的景色使你陶醉，在愉悦的享受中获得艺术所要达到的特殊功能。因此，娱乐身心是艺术审美十分重要的功能。

对此，中外学者早就有所认识。亚里士多德说："音乐应该学习，并不只是为着某一个目的，而是同时为着几个目的，那就是教

育、净化、精神享受，也就是紧张劳动后的安静和休息。"① 贺拉
斯进一步明确了"数"与"乐"的关系。他说："寓教于乐，既劝
谕读者，又使他喜爱，才能符合众望。"这一观点沿用至今，一直
为人们所津津乐道。中华民族历来有"乐教"的传统。儒、道、释
三家美学虽然有不同的侧重点，但都很注重艺术的愉悦特点。无论
是孟子还是老庄，都非常强调艺术的愉悦功能。所以，黄周星在
《制曲技语》中说："论曲之妙无他，不过三字尽之，曰：'能感
人'而已。感人者，喜则欲歌、欲舞，悲则欲泣、欲诉，怒则欲
杀、欲割：生趣勃勃，生气凛凛之谓也。"他用"雅俗共赏"四个
字概括"制曲之诀"，又把这四个字归纳为一个"超"字。把
"趣"作为"感人"的条件，把"能感人"作为艺术的妙处，可谓
抓到了艺术的特点。"有趣"在"乐趣"中达到学习的目标，就是
艺术所特有的寓教于乐的功能。

　　马克思主义经典作家对于这种功能给以很高评价。恩格斯说：
"民间故事书的使命是使一个农民做完艰苦的日间劳动，在晚上拖
着疲乏的身子回来的时候，得到快乐、振奋和慰藉，使他忘却自己
的劳累，把他的硗瘠的田地变成馥郁的花园。"② 周恩来对于娱乐
作用与教育作用的关系说得更为明确。他说："群众看戏、看电影
是要从中得到娱乐和休息，你通过典型化的形象表演，教育寓于其
中，寓于娱乐之中。当然要多样化，不能老是打仗。"③ 对大学生
的教育也是如此。从人脑的发育来看，我们不能总是让大脑处于紧
张的学习状态，这样是得不到良好收效的。应该在一定时间的学习
之后，参加一些自己喜爱的艺术活动，可以是唱歌、跳舞、听音
乐、绘画等，这时艺术活动的娱乐功能就得以发挥，使大脑得到放
松和休息，有利于新知识的学习。

　　诚然，寓教于乐功能是艺术的重要功能，但并非艺术的全部功

---

　　① 参见伍蠡甫《西方文论选》，上海译文出版社 1979 年版，第 95 页。
　　② 马克思、恩格斯：《马克思恩格斯论艺术》，人民文学出版社 1966 年版，第
401 页。
　　③ 《周恩来选集》（下卷），人民出版社 1984 年版，第 337 页。

能，它不能也不应该替代艺术的其他功能。所谓"玩艺术""玩小说"，就是时下一些人对艺术功能的嘲弄，也是对艺术的亵渎。

二 启迪认知

艺术作品源于生活又高于生活，是因为它的创作是以作者的亲身体验为原料，按照一定的审美理想塑造各种形象，这些形象既陌生又熟悉，读者以此为鉴，比对自己，在审美享受的同时获得人生启迪。虽然艺术并不像科学那样以传播知识为基本使命，但它不可推卸地承载着传播以社会人生为核心的综合知识内容。例如，在许多大学的美学课堂上，老师会带领学生一起欣赏世界各地的原始壁画，从中了解人类社会先祖的狩猎场面与祭祀仪式。德国艺术学家格罗塞的《艺术的起源》，就利用考古学与人类学提供的材料，深入地考察了原始艺术的起源问题，并为后人认识原始人类的狩猎和生活以及由此向农耕生活转移的过程提供了有力的佐证。中外美学家与艺术家都非常强调艺术对大学生认知的启迪功能，达·芬奇将绘画喻为镜子，莎士比亚也把戏剧喻为人生的模型，说的都是艺术所具有的认知功能。19 世纪中期以后，伴随现实主义文艺思潮的兴起，艺术的认知功能得到进一步强调。马克思主义经典作家鉴于时代的现实需要，尤其强调艺术的真实性，也是与注重艺术的认知功能密切相关的。因为任何艺术作品，作为一种特殊的意识形态，都是创作主体对社会生活的能动反映，总是隐藏着某种认知的内容。反之，没有任何认知价值的作品，同时也就必然地要削弱或丧失审美的价值。

一般来说，艺术审美启迪大学生认知，体现在两个方面：一是启迪大学生对客观世界即对自然和社会的认知。艺术的对象是以人为主体的社会生活，是五光十色的大千世界。因而，准确、深刻的艺术描绘，能使大学生获得丰富的社会历史知识，有助于他们认识社会生活的真谛。恩格斯对《人间喜剧》有着高度的评价，他认为这部小说"比从当时所有职业的历史学家、经济学家和统计学家那里学到的全部东西还要多"①。这不是夸张，而是实情。杰出的作家所创造的杰出作品，能够也应该发挥巨大的认知作用。二是启迪大学生对人们丰富复杂的精神世界的认知。人的精神世界之所以纷繁复杂，是因为它暗藏着各种意识、潜意识、前意识。艺术是以人为主要反映对象的，所以反映社会、揭示人生、认识世界，都是通过描绘人的命运、刻画人的精神世界来达到的。因而，艺术美更直接、更重要的认知功能就是认识人自己，这对大学生的健康发展，做到批评与自我批评有至关重要的作用。歌德曾说，一个人能达到的最高境地，是意识到自己的情绪和思想，是认识他自己，这可以引导他，使他对别人的心灵也有深刻的认识。他还说，这方面最杰出的典范之一是莎士比亚。莎士比亚能说出自己内心的深刻感觉，并能引导读者意识到常人肉眼所见不到的世界；他能引出发生巨变时刻人心中所隐藏着的一切，还能自由畅快地采掘出密封在心灵中的生怕别人发现的一切。哈姆雷特刺杀叔父时的迟疑过程与内心独白，奥赛罗亲手扼死爱妻苔丝狄蒙那时被忌妒点燃起来的怒火以及此后沉痛忏悔的过程，都是有力的说明。大学生是有知识、有文化的一代人，他们对事物的看法往往有自己独立的思想认识，但对自己的内心世界却不可能都有清醒的认识。艺术恰恰能发挥这方面的认识功能。因此，艺术作品具有的一大功能就是从作品中了解人的内心世界。大学生可以通过艺术作品审查自己的内心世界，努力做到自律。

　　不同形态的艺术对艺术功能的发挥是不同的。戏剧、影视等综合艺术，往往擅长认识社会人生的外在形态；音乐、舞蹈等表情艺术，则擅长认识时代的精神状态与人们的内心情绪；绘画、雕塑等空间艺术则善于捕捉特定的"瞬间"，为生活"定格"，能收到"以一当十"的认识效果。小说、诗歌等语言艺术，是通过文字符号来反映生活、认识世界的，能最大限度地呈现社会生活的真实情境。总之，不同的艺术媒介反映社会与生活时的侧重点是不同的，

---

① 《马克思恩格斯选集》（第4卷），人民出版社1972年版，第463页。

所表现出的对大学生的启迪功能，自然也不相同。

三 感化心灵

艺术审美对大学生的启迪认知功能和感化心灵功能是其再现社会生活和评价社会生活不可缺少的两大方面。艺术家能动地反映社会生活时，总是包含着他们对客观对象的爱憎与评价，而积极健康的爱憎与评价便能和大学生产生情感上的共鸣，对他们进行教育或是鼓励他们积极向上。德国优秀画家许布纳尔的一幅画，画的是一群工人向工厂主交纳亚麻布的场景，展现了厂主冷酷的富有和工人绝望的贫困。他还具体分析了画面所展示的厂主与职工之间的尖锐矛盾，发人深省，激励抗争，用对比的手法宣传社会主义。列宁认为，真正的文学能教导人、引导人、鼓舞人。长篇小说《怎么办?》塑造了拉赫美托夫这样一个大无畏的真正革命者的杰出形象，曾极大地激励着、鼓舞着列宁和季米特洛夫等一大批革命家从事艰苦卓绝的革命斗争。该书作者车尔尼雪夫斯基就认为，艺术"应该为人类利益服务"，应当发挥"生活教科书"的作用。培根也主张：艺术应当使人提高，使人向上。可以说，凡是有社会责任感的美学家与艺术家，总是肯定并注重艺术的社会教育功能。

当然，艺术对大学生的教育功能不是耳提面命式、强迫灌输式的，而是通过以情动人、细雨润物式的审美感化途径，令大学生激动得如醉如痴，从而在不知不觉中受到教育。艺术作品渗透着作者本人的审美理念和审美评价，因此它的真与假、善与忠、美与丑的界限表现得十分强烈而鲜明。大学生在欣赏美景时，总会不自觉地与自己的生活、思想相对比，从而唤醒自己的是非观、道德观。狄德罗有过一个形象的比喻，说一个行为不端的坏人看到一部感人的艺术作品后泪流满面，这时他们必定会对自己所犯过的罪行感到愧疚。当他们再次有作恶想法时，也许会因想起这部作品而放弃，这也许比硬邦邦的说教，指责更有教育价值。当然，艺术也非全都具有超强的教育魔力，但优秀的艺术作品对大学生的启迪与教育功能是不可忽视的。

艺术的教育功能是以艺术与审美为基础的，是艺术与审美所蕴含的教育功能，绝非教育功能的形象化图解。那种用形象来演绎思想观点的做法，是一种不符合艺术规律的错误倾向。而借口强调艺术和审美去否定、抹杀艺术应当承担的感化教育功能，鼓吹所谓"纯艺术""纯审美""为艺术而艺术"，也是必须反对的另一种错误倾向。

四 调节补偿

艺术创造不仅需要社会生活做原料，还需要创作主体投以"生命"，要在创作过程与创作结果中体现创作主体的目的与要求、理想与愿望，乃至潜在的本能与欲望。因此，作为一种最为"自由的精神生产"，艺术作品既能客观地反映现实生活，又能真实地表达主观情感。我们知道现实有时不可能面面俱到地满足所有大学生的愿望，有些不能在现实中获得满足的东西却能通过艺术创作获得精神上的满足，这就是精神分析学派所说的"补偿作用"。这个作用对大学生健康心理的培养有积极的意义。

确实，现实世界充满了矛盾与冲突，每种事物都在对立与统一中生生不息，只有克服了对立面，才能走向发展的统一面。而为了克服与缓解这些矛盾与冲突，政治、经济、科学、技术、法律、道德、宗教、艺术等，都各司其职，发挥着各自的独特功能。精神分析学派代表阿德勒认为，艺术作品具有补偿功能，承载着主体的愿望与梦想，某个人在现实生活中的不足和缺陷，会通过其他途径加以补偿。比如一个大学生在某一方面有特长，就会经过不懈努力获得这一方面的优异成绩或成就，以此来弥补他在其他领域由于某种缺陷带来的心理不安与自卑。这就是"补偿作用"的表现。弗洛伊德认为，艺术的本性就是幻想，就是"醒着做梦"。因为人都有本能冲动，渴望获得财富、荣誉、爱情，如果得不到它们，就会燃烧起幻想之火。"只有不如意才有幻想""幻想的原动力是不能满足的愿望"。所以，从某种意义上说，艺术就是"一种脱离现实可能的幻想的象征，一种逃避现实的手段"。它创造一个昼梦，一个精神的世界，从而使创造者与欣赏者进入一个"忘我的幻想境地"，暂时忘却痛苦与烦恼。这是一种在想象中实现的"替代性"的精神满足，是对不如意的现实的精神补偿。但丁、歌德、拜伦、巴尔扎克、普希金和中国的曹雪芹等许多大作家的创作动机系统中，显然包含类似"补偿"的因素。当然，这绝对不是创作动机系统中的主要因素。

然而，艺术的补偿功能不是一劳永逸的，源自人们的幻想世界，因而不具有持续性。大学生的理性与感性、愿望与现实会在艺术短暂的调节中达到"和谐"，而这往往是表面上的。它表现在两个方面，抑或是大学生在艺术欣赏的过程中获得了幻想性调节，得到了所谓的"正补偿"；抑或是他们在长期的艺术鉴赏中消解了自己的压抑心理，从负面上得到了"负补偿"的和谐。在亚里士多德的《诗学》中，就叫作"净化"。

可见，调节补偿功能在艺术的功能系统中，是一种客观存在。无视它的存在，既不符合艺术活动的实际，也不利于艺术审美对大学生美育的促进。恩格斯说："德国民间故事书有三个使命，之一就是'使一个手工业者的作坊和一个疲惫不堪的学徒的寒碜的楼顶小屋变成一个诗的世界和黄金的宫殿，而把他的矫健的情人形容成美丽的公主'。"① 也就是说，民间故事可以提供一个与现实不同的、人们所向往的幻想世界，从而使大学生获得非现实的暂时性的精神慰藉，这就是艺术可以发挥调节补偿功能的意义。不过把这种调节补偿功能无端地片面夸大，像精神分析学派那样，把它变成艺术的主要功能，甚至唯一功能，从而抹杀包括寓教于乐功能、启迪认知功能、感化心灵功能在内的整个艺术的功能系统，就会导致"极端"，变成"谬误"，这无疑不是我们教育所预期的效果。

---

① 《马克思恩格斯全集》（第2卷），人民出版社2005年版，第84页。

第九章　新时期高校审美教育展望

　　新时期高校教育应向怎样的方向发展，已成为一个亟待解决的问题。我国《基础教育课程改革纲要》中明确提出，要全面推进素质教育，培养面向世界、面向现代化的人才，"全面发展"成为教育活动开展的总目标。随着这一口号的提出，审美教育的重要地位凸显出来，一个全面发展的人必定需要各方面均衡发展，智育、德育、体育在教改中都得到了相应的发展，唯有美育处于相对偏远的位置。因此，探索美育的未来发展，将成为每个教育者共同的任务。

第一节　更新高校审美教育理念

　　未来社会是创新型的现代化社会，与此相对应的人才是富有创造力的人才。创造力的培养不仅需要专业知识的教育，更需要艺术精神的熏陶，两者相结合才能促进现代人健康发展。传统教育对知识技术的关注使其忽视了审美教育的熏陶作用，阻碍了人们对美的追求，自然谈不上全面发展，单一、禁锢的思想限制了大学生创造潜能的开发，因此加强审美教育，将艺术与科学完美结合，已成为时代对教育的最强呼声。正如教育部部长陈宝生在 2016 年 8 月 29 日会议上所讲"要认识到美育在人的全面发展过程中所具有的内在力量，认识到美育对社会风气所具有的导向作用"，美育观念在高校的未来发展中必须顺应时代变化，教师也必须转变教育观念。

一 重申全面发展的教育理念

全面发展在教育理念中发挥着更为重要的作用，表现在德、智、体、美、劳五大方面。五育既相互联系又相互区别，每一方面都有其独立性，但我们的教育目标不在于其中某方面的"突出"，而在于五大方面的协调。以往传统教育重视德育，随着现代社会的发展更加重视智育，改革开放后又将体育、劳育提到比较重要的位置，唯有美育没有成为教育的重点，这是 21 世纪教育观念更新的首要领域。

美育成为我国教育的薄弱环节，既有历史的原因，也有现代化进程中遗留的问题。首先，我国是一个传统文化深厚的古老国度，德育内容丰富且影响深远，然而美育及审美对持有传统观念的中国人来说，是比较缺乏的。其次，现代化进程中受到经济利益、物质生活的诱惑，异化现象盛行，审美活动也被盖上了拜金、享乐的印章，不被人们重视，甚至曲解了审美的作用及意义。美育的缺失是我们培育全面发展人才的绊脚石，重树"五育"协调发展至关重要。而"五育"的最优化发展，首先要解决美育发展的问题，美育的开展与其他各育无异，也是由课堂教育和课外教育活动构成的，教师是美育的实施者，学生是美育的对象。教师要秉着全面发展的教育理念，以自身的德、才、学、识影响学生，引导学生，传播知识，加强情感教育，以情感人，以美感人，这样才能达到教育有理想、品格高尚、追求美的接班人的目标。课堂教学是包括美育在内的教育活动开展的主要阵地，教师以自身对美的理解与追求感染学生，在这一过程中，不但使学生的审美观得到健康发展，成长为未来社会优秀的人才，也使自己的审美追求得到实现。除此之外，课外活动更是变理论为实践的有效途径。在活动中，学生手脑并用，自然发展了自身的体育、劳育，这些行动又受智力、道德支配，发展了智育、德育。而这些教育的开展旨在塑造完美的人，一个懂得追求美的人才是全面发展的人的终极目标。因此，更新教育观念，协调五大教育发展，是教育活动开展要解决的首要问题。

二　突出个性发展的理念

青年学生表现最突出的心理特征是勇于追求自我个性的发展，对其个性发展的正确引导是我们教育的重点，个性是其创造潜能的外在表现形式。人的全面发展最强调和突出的就是个性的自由发展。"中国式教育"走了多年的应试教育的老路，以标准化卷面考试为考核的唯一标准，使学校教育模式化、单一化，这在我国目前的中学教育中尤为突出。此种模式培养下的学生，一旦进入高校便会出现两种发展趋势，一是延续中学教育思想"读死书"，二是极度"自我"导致最终荒废学业。前者毫无个性可言，后者个性发展走向极端。作为高校教育工作者，我们除了建言献策助推中小学应试教育改革外，最重要的是加大高校素质教育的力度，引导学生向着积极健康的道路发展，培养其积极的个性。在这一方面的教育上，美育无疑发挥着极其重要和特殊的作用。美育是一种情感教育，注定了它不会只是枯燥的理论说教；美育不仅是教育方式，更是师生与美好生活事物的情感交流，注定了它以人为本，重视人在发展过程中的主体性地位，也就是重视人的个性的发展。青年学生在成长过程中无非从事两种职业活动，一是学习科学知识，深刻认识世界发展的本质规律；二是发展自我个性，寻求自身兴趣志向的实现。前者是后者的基础，后者是前者的推动力，更是社会进步的加速器。目前，在素质教育推行的大潮中，我们要更好地应用美育的教学手段，培养学生的积极个性心理，比如对美好生活的向往、对美妙艺术作品的欣赏、对美善情感的追求以及对完美人生的计划和实践。这个充满生机与活力的过程，更需要学生非智力因素的发挥，因此非智力因素的培育至关重要。我们面对的是活泼富有激情的青年大学生，而不是学习机器。作为教育工作者把握住了这一点，才抓住了素质教育之根本，溯本求源才能制定适宜的培养方案，帮助每一位学生走好人生关键的一步，热爱生活，赞美生活，做一个积极乐观的 21 世纪的大学生。

三 深化着眼未来的观念

未来世界是属于青年一代的。在当今这个富有生机与活力的现代化世界，青年学生以何种精神面貌、何种知识结构来应对未来世界的竞争，既是青年人当前应把握的重点，也是作为教育工作者的我们应思考的重要难题。因此，"着眼未来""着眼青年人自身的发展"是我们进行教育活动的前提。"着眼未来"是为了适应知识经济条件下激烈竞争的需要，在以往很长时间内我们的教育观念在这一方面比较单薄，但随着时代的变迁和世界大环境的影响，我们在制定教育方针政策时必须将未来国家的发展与当前的基本国情结合起来，在政治、经济、文化、社会、生态各个系统统筹发展的宏观蓝图上，描绘人才培养计划及实践活动。每一个学生都是未来祖国建设的主力军，每一位教育工作者都负有对学生义不容辞的培养责任。

着眼未来，高速发展的科学技术使得教育发展的机遇与挑战并存。现代高科技与教育关系最为密切的是信息技术的应用。信息技术不仅为经济发展提供了最大的便捷，也为教育资源的共享做出了重大贡献。未来教育的发展必须依靠信息技术，实现学生与教育资源、学生与教师以及学生与学生、教师与教师间的互动。这种互动不仅是资源的共享，更是教育方法、学习经验的交流。拿现代大学教育来讲，信息技术应用最广泛的莫过于图书馆。西安许多高校图书馆建立了互联网共享，以此满足学生对知识技术更广、更深的需求。此外，国内的一些高校还将本校精品课程做成课件，通过互联网发布，供有需要的学生学习。如此事例还有很多。对于审美教育，也是如此。未来高科技的发展为美育提供的将是无限机遇。着眼未来，高科技带来物质生活飞速发展的同时，需要适应发展的新型人才，这里的"新"更多的是指"全面发展"。美育将成为促进人才全面发展不可缺少的一门重点学科，对 21 世纪人才的培养，我们要抓紧情感教育的大旗，这样才能从内心深处、灵魂根部教育有道德、有理想的青年。知识经济时代异化现象的凸显，更让我们体会到道德的力量、文化的重要性，因而未来的任务落在了审美教育者身上。唯有树立起这样的观念，才能创造美好生活，分享美妙人生，实现美育目标。

第二节 凸显高校审美教育的实践

一 审美教育与审美教育实践

随着大学审美教育观念的不断更新，新时期的大学审美教育实践活动也应紧跟时代步伐，走中国特色、时代特征、创意与科学并存的发展道路。我们要明确审美教育与审美教育实践在理论意义上有何关系，其内容及目标分别指向何处。

审美教育与审美教育实践是两个不同层面的概念。审美教育必然包含审美教育实践，审美教育即我们通常所说的"美育"，是素质教育"五育"中不可缺少的一部分，也是人的全面发展不可缺少的重要方面。"它的任务是提高和培养人们对现实世界（包括自然和社会生活）以及整个文学艺术的鉴赏和创造力，陶冶人的情操，提高人们的生活趣味；使人们变得高尚、积极，在思想感情上得到健康成长。"[①] 审美教育实践是审美教育目标实现的必然条件，是其重要的组成部分，是美育理论运用于实践的具体表现。此外，审美教育与审美教育的实践，其侧重点不同，前者侧重从教育者出发，对被教育者开展关于美学理论知识的指导教育及应用美的规律欣赏美、创造美的引导，重点在于教育；后者侧重从受教育者出发，在经过了一定的审美教育后，如何在现实生活中感知美、体验美、追求美、创造美。审美教育实践的终极目标不在于检验美育知识理论的真伪，而在于获得美感体验，在身心愉悦的良好环境中升华情感，丰富想象力，为其他"四育"的开展奠定坚实的基础。

二 充分利用现代教育手段

以计算机的应用为核心的第四次工业革命改变了现代人的生活

---

① 杨辛：《青年美育书册》，河北人民出版社 1987 年版，第 1 页。

方式，也改变了人类认识、改造世界的观念，将其应用于教育领域，成效更为显著。教育旨在培养与时俱进的人才，因此它的实践既受益于先进技术带来的世界变革，又为新技术的发展培养有用的人才。在机遇与挑战中，审美教育要抓牢现代化武器，为自身发展寻找新的路径。美育可运用的现代化技术种类很多。2017 年 3 月，教育部陈宝生部长在答记者问时，曾就"教育改革发展"问题进行了阐述，他认为解决思想政治教育教师提出的有关"抬头率低"的问题，主要原因是所授内容与需求不符，"可能是'配方'比较陈旧，'工艺'比较粗糙，'包装'不那么时尚，所以亲和力就差了，抬头率就低了。课堂内一定要改革思想政治教育课的内容、授课方式"。艺术化教学模式是改革首推的途径。本书着重阐述以计算机为媒介的多媒体艺术化教学、网络教学等，美育本身就带有感性情感熏陶的特征，比起理论的系统说教，更注重人与人之间情感的交流。要想获得美，首先要热爱生活、发现美；其次要与人交流、传递美；最后要个人习得、升华美。这是渐进的动态过程，每一步都离不开现代化技术的配合与支撑。

现代化教育技术将感性教育资源更好地应用于审美教育过程，通过多媒体传播更多优秀、美好的作品。在传统教育中，呆板的理论说教已成为最不受欢迎的课堂，21 世纪的课堂必须吸引学生，进而达到感化学生、引起学生情感的共鸣。如何吸引学生？许多教师感叹现代课堂已离不开多媒体了。它不仅是一种融视觉、听觉为一体的感官教育途径，也是现代科技在教学中的传播与应用。多媒体包括电脑、投影仪、音响、话筒、互联网等一系列影音设备，教师操作方便，学生学习更添乐趣，关键是它更适宜审美教育。美育的第一步就是教会学生欣赏美，通过各种人类优秀的艺术作品来激发学生对美的兴趣及憧憬，特别是现在有许多优秀作品被拍成电影、电视、话剧、小品等，更能从感官上表达作品的真实意图及审美价值，学生接受起来也比较容易，兴趣更大，这需要多媒体的辅助。美育的第二步是要引导学生在纷繁复杂的社会大熔炉中认识究竟何为积极健康的美，这需要学校大环境的熏陶及教师的引导，为学生营造良好的学习氛围，也离不开现代化技术的支撑。各大高校根据自身学科建设的需要，配备了先进的实验设备。此外几乎所有的学生宿舍开通了互联网设施，开设了屏蔽不良信息图片的网络清理软件，正确引导学生对真善美的追求，而不是对病态美、变态美的追逐。美育的第三步是要学生从内心深处升华感情，与美的一切事物达到共鸣，爱美、懂美，使身心达到美的境界。这是美育的最高境界。每个个体要进行角色的转换，从被动地欣赏美，到积极主动地追求美、创造美。在这个能动的过程中，现代科技也发挥着重要的作用。学生可以充分地利用网络设施将自己创造的作品、对美的感悟等与他人分享、交流，获得新思路、新灵感，更有利于对美的深层次追求。美育的个性功能得到广泛认可，成为群体性、普遍性的教育途径，也是对美育自身发展的促进。因此，美育的整个过程中，都要求我们抓牢现代化的教育科技手段，不仅从多渠道入手促进自身发展，也为 21 世纪全面发展人才的培养蓄力。

第三节　优化高校审美教育途径

大学审美教育实践活动的积极展开，既丰富了审美教育理论，又为培养全面发展的大学生提供了重要途径，而审美教育的实践方式是多种多样的。我国目前的高校教育模式包含多种审美教育的实践活动，但仍有缺漏，需要在今后的实践中加以补充和完善。

一　审美教育实践的核心——课堂教育

当前我国的教育模式仍以课堂教育为主，因此审美教育实践的核心也应该放到课堂教学上来。陈宝生部长就加强学校美育提出两点要求："一是加强美育教师队伍建设，采取有力举措尽快破解师资短缺问题，二是加强学校美育的评价标准研究。"这个要求很明确，包含了美育的内容、对象、范围、时间，重点仍在课堂教育上。课堂教学包括教师传授、学生互动和教授课程三大部分。我们主要从教师传授和课程设置方面来分析审美教育实践的具体途径。

（一）教师传授

虽然现代教育强调学生在课堂教学中的主体作用和地位，但教师作为传道授业解惑的长者，在整个课堂教学中仍发挥着重要的作用。教师对学生的影响力及对整个课堂的影响，体现在两个方面：一是教师的外在形体、肢体语言；二是教师幽默恰当的表达方式及品德感染力。

教师的外在形体语言实际就是其仪容、仪表。审美教育本身就是对美的感受。教师外在形象之美成了无声的教育榜样。作为教师，应做到仪表整洁、妆容大方、精神良好、朝气蓬勃。具体的衣着打扮我们在形式美中有过详细讨论，此处不再赘述。良好的外在形象给学生以美的感染与启迪，学生不仅能从教师的外貌中树立一定的审美观，还会予以模仿，这一点非常重要。这是教师为人师表职业特殊性的表现之一。

教师幽默风趣的语言同样影响着审美教育的实践效果。语言也是艺术的一种，教师若能提前了解所授课程的内容、重点及教授对象的性格特点，做到具体问题具体分析，适当运用规范、幽默的语言教导，不仅能让学生更积极主动地接受知识，还能活跃课堂气氛，营造良好的学习氛围。这就要求每位教师要加强自身的知识储备，训练自己驾驭课堂的能力和技巧。只有自己的知识丰富了，才能转化为正能量，影响学生。再者，教师自身的行为品德也是美的一种体现，这是心灵美的标尺。学生除了对教师仪容、仪表的欣赏，更重要的是对其内心美的效仿。古语常说，"严师出高徒"，内涵是身正为范，高深的技艺和学识加上高尚的品德情操，才能培养出优秀的学生，才能教会学生欣赏真正有价值的美。

生活中并不缺少美，美存在于我们所能感知的点点滴滴，但关键在于你是否感知过，感知以后是否认识到它就是美。人是能动的、有思想的高级生物，对美的追求从人类诞生之日起就没有停歇过。人类的历史书上记载着千百年来他们对美的向往，早到用贝壳装饰自己的洞穴。大学生是一个有知识、有文化的群体，对美的洞察力更优于他人。但现实中受各种社会因素的影响，特别是社会就业压力增大、学校品牌提升、家庭荣誉感增强等要求，使他们不再单纯地享受知识带来的美好，而是功利地为外界的一切影响力买单。因此，审美教育的意义不言而喻，而审美教育实现的第一步就是教师引导学生再次发现美、认识美，对一切与美相关的活动产生兴趣。如何实现第一步的突破，主要可以采取两种方法：一是引导学生发现美，课堂的时间是有限的，我们可以利用"课堂引导 + 课外实践"的方式言传身教，艺术化的语言是第一步，身体力行的感染是第二步。引导学生，除了用眼观察，还要用耳、鼻、手、足等一系列感官全方位地感知审美对象，唯有如此才不会错过生活中任何一次的审美机会。第二步是指导学生认识美。学生的认知范围和深度毕竟有限，教师有更多的生活工作经验，可以利用自身的优势教导学生哪些是美、哪些是不美，哪些美隐藏在事件的背后需要挖掘、哪些不美被华丽的外表装点容易使人迷惑。

此外，陈宝生部长关于美育工作的一则讲话给我们高校美育实践提出了新的任务，即多渠道解决美育师资短缺的问题。教育是整个国家和社会的大事，要努力配齐配好各个高校的专职美育教师，重点补充边远、贫困和民族地区学校的教师。在教师训练上，我们推出了"国培计划"，增加了美育教师培训的比例，充分依托艺术团体、艺术家、民间艺人等多方力量来弥补高校美育师资短缺的问题。这样高校美育活动的开展就有了更合理的指导和更专业的训练，使大学生掌握的美育知识更全面，培养的美育能力更科学，养成的审美情趣更积极健康。

（二）课程设置

各大高校由于专业设置及偏重学科的不同，在学生考核及课程设置上也有所区别，但绝大多数学校采取的是必修课与选修课相结合的课程设置方式。对于审美教育的实践，设置相关的理论课程十分必要。拿必修课来讲，除了美学专业的学生外，应该面向全校学生开设美育必修课。只有掌握了理论，才能更好地开展实践活动。比如，美学课程对专业学生来说，应全面深入地展开讲述，对非专业学生来说，则应开设《美学概论》和《审美教育概论》课，让他们从全局角度纵向了解美学及美育的历史沿革及发展动向。此外，学校应引进更多美学方面的师资，更好地带动该学科的发展。在此基础上就是选修课的设置。选修课是拓宽学生知识面及兴趣爱好的有效方法之一，特别是针对美育这样实践性很强的课程，可面向全体学生开设书法、摄影、绘画、器乐、文学鉴赏、舞蹈、歌唱等多种形式的选修课，让学生根据自己的兴趣爱好及特长加以选择学习。目前某些高校采取学分制考核，选修课占有一定比例的学分，这样便可以从侧面督促学生参与选修课的学习，在一定程度上促进美育课程的开展，保证美育以艺术教育为主体。

一堂课成功与否取决于教育者、被教育者及教育环境三大部分的配合程度。审美教育作为人文社会科学，有别于其他自然学科，更需要以上三大因素的相互作用才能取得预期成果。首先是教育者。教育者是一堂课的主导，不论是从内容的选择、课程的设计、课件的制作，还是课堂的把控、课后的督察，都需要教育者负起责任，认真组织开展，才可能有收效。审美教育课程的教育者自身应该具备很高的审美素养，拥有高境界的人生观、价值观，懂得欣赏美并努力传播美好的事物，才有可能担此重任。艺术化教学模式的使用从教育者出发，就在迫使教育者自身习得多种艺术形式，把艺术化美妙的课堂内容融入审美教育，用自身的热情参与带动学生的积极性，不再是照本宣科的枯燥传授，而是相互启发式的教学。教师能触动学生的心灵，学生同样也会对教师的科研教学灵感有所启迪。我们常常倡导教学相长的教学氛围，大家都是课堂的参与者，才能真正上好一堂课。

其次是被教育者。被教育者是一堂课的主体，无论教师如何精彩地演绎，最终目的都是感染学生。但我国的大学教育一直存在学生积极性差的问题。笔者自己本就是一线教师，长期授课不难发现，学生对冗长复杂的课程提不起精神，加之大学生入学前往往都经历了三年"硬性灌输式"的高中教育，对教师及传统教育存在偏见。如果不采取改革，很难得到学生的认可，更谈不上知识的顺利传播。艺术化教学模式应运而生，它适应了学生对课程的兴趣要求，自然得到了学生的认可，学生喜欢充满浪漫色彩的课堂内容和充盈着笑语欢声的课堂氛围，就会积极参与进来，审美教育的目标才会落到实处，而不是沦为形式主义。

最后是教育环境。审美教育成果的取得，尤其依赖教育环境。从大的教育环境讲，它包括整个国家对于审美教育的投入及扶持，这一点在我国已相当成熟。习近平总书记在文艺工作座谈会上发表重要讲话，强调学校艺术教育工作的重要性，为艺术教育的新征程指明了方向，这是对审美教育最大的肯定与憧憬。从小的教育环境讲，就是每一堂审美教育的课程，是否能落到实处，真正发挥作用。艺术化教学模式的应用为审美教育提供了积极的课堂环境，使学生精神振奋、思维敏捷，学习过程轻松愉悦，课后能主动进行复习并消化吸收，最终转化为自己的成果，应用于今后的实践。

教师无形的影响、有声的课堂教学，加之适量多样的审美课程的开设，为审美教育的实践提供了核心阵地，也是我们开展实践活动应重点考察的地方。抓住课堂教学，让审美实践的开展更具理论性、规律性和系统性。

二　审美教育实践的个性化发展——课外美育活动

如果把课堂教学看作审美教育实践的必修课，那么课外活动就是选修课。但它更能体现每个学生不同的个性特征，是现代教育十分重要的环节，也是人才培养的关键。那么，课外活动是如何践行审美教育实践任务的呢？笔者认为，应主要从两大方面加以考察：一是校内活动，即校园文化建设；二是校外活动，即社会实践活动。

（一）校园文化建设

高校校园文化不同于社会流行文化，表现出校园的规范性、鲜明的导向性和青春的感染力。一个高校独特的校园文化，不仅是自身独有的魅力展示，更兼具大学生人格的塑造和审美情趣的培养。大学校园文化即大学育人环境，什么样的环境培养什么样性格和志向的人。这种影响力虽是潜移默化的，却能深入学生内心，对一代人的塑造发挥着重要的作用。高校校园文化主要包括两大方面：一是校园物质文化，二是校园精神文化。

校园物质文化是校园文化建设的基础保障，包括各种教学设备、优美的校园环境、全面的图书收藏等。优雅的校园环境使师生赏心悦目，教师有好心情才能更投入地进行教学，并且可以利用身边环境进行审美教育，因为校园环境既是一种自然美又是一种人文美。学生有好心情才能更投入地参与教学，对身边美的探索与赏析促进其健康审美观的形成。全面的图书收藏使师生受益匪浅，获得更多的知识，也能在读书中学做人、学做事。艺术类的书籍让学生尽情领略古今中外优秀的艺术作品，虽不能目睹，却犹如身临其境，感受艺术带给他们的美。并且其中有许多优秀的艺术家不仅作品千古流芳，其人品德行也值得称颂。学生在欣赏作品的同时，感受艺术家非凡的气质对其自身的发展也有极大的帮助。全方位的教学设备使现代化科技应用于教学中，教师可以利用这些设备（如电脑、投影仪、音响、互联网等）寻找审美素材，作为课堂教学的拓展，特别是对一些艺术作品的鉴赏。多媒体设备使学生的学习更直观，有利于他们理解作品的真谛。学生在自学中也受益于先进的教学设备，拓宽获取知识的渠道，增加学习的兴趣和趣味。

校园精神文化是校园文化建设的核心，包括良好的学习风气、奋发向上的精神面貌、健康有益的文化活动、和谐友善的人际关系等。良好的学习风气是一个学校能够长久发展的基础，高等院校多属科研机构，科学研究需要严谨认真的治学态度，如此营造的校园文化氛围有利于每个学生积极向上，拥有这样的心态才能树立正确的审美观。奋发向上的精神面貌是大学校园作为新时期接班人培养基地不可缺少的精神支柱，也符合青年人的年龄发展特征。在前面我们讲到人自身的审美时，曾提及"一个人的美除了靓丽端庄的外表，最重要的是心灵美，其中精气神也是判断人之美的标准"。精气十足使人积极奋进，无论是对待学习还是生活都充满信心，这样才能捕捉到生活中美的瞬间和美的一切事物。健康有益的文化活动是学习之余学生放松娱乐的最好形式。在大学里，最常见的便是社团活动，由学生自发组织。现代大学校园的社团种类已非常丰富，其中类似戏剧社、文学社、绘画社、声音社、艺术团的组织，几乎每个学校都有。年龄相仿的青年人利用课余时间聚在一起，或排演话剧名篇或诵读名诗古词，或结伴而舞，或欢歌密语，既放松了身心，又在一定程度上实践了审美活动，有利于他们投入新的学习。和谐友善的人际关系是每个人作为社会的一分子、家庭和谐和事业有成必不可少的因素。相对成年人的社会，大学校园是一个纯洁、宁静、祥和的文化圈。这里充盈着友善的同学情、和睦的师生情、和谐的同事情，这些都是学生身心健康发展的有利条件。在这样的环境里，学生才能够感受到更多美好的生活，才能更乐观向上地看待周围的人和事，用友爱、美好的心去体验生活，体会生命的意义。

（二）校外活动——社会实践

我们培养的现代大学生再也不是"两耳不闻窗外事，一心只读圣贤书"的读书郎了，而是面向未来、面向社会的全方面发展的人才。因此，大学生的课外活动不再局限于校园内部，而应走向社会，开展丰富多彩、有意义的社会实践。

在社会实践中欣赏美、理解美、评价美。美源于生活，源于身边的一切事物，实际就是说美是人类社会实践的产物，是一切客观事物引起人们愉悦情感的表现。大学生在开展社会实践时，最直接的审美活动是对自然美的观照，学生可以利用周末或寒暑假实践去自然界进行审美，春华秋实、寒来暑往都别有一番风味，加之平时课堂的理论学习，更能使审美活动富有高层次的品位。其次，在实践中将自然美与社会生活美结合起来。自然风光由于其特征更明显很容易被欣赏，而社会生活美往往隐藏在生活琐事中，不留心便不易发现，这需要师长加以指引，逐渐训练学生欣赏美、发现美的能力。社会实践是一个很好的平台，教师应充分利用这样的活动平台建立和学生亲密的朋友关系，帮助他们解决疑问，指导他们关注生活、关注美。最后，实践完毕后，一定要对本次实践做一总结、评价，这实际也是对美的事物做出评价。在评价中，学生可以对比美、升华美，教师也可以利用这样的机会深化各种美在学生头脑中的印象，让审美活动更有意义。

在社会实践中创造美。社会实践比课堂教学更能锻炼学生的主动性和自理能力，因为实践是一个全开放的自由活动、自主安排的过程。在计划审美教育的实践活动时，首先要明确目的，是要对哪一方面的美进行赏析，带着目的提前准备相关资料，熟悉审美对象。其次要自觉主动。社会中有许多审美对象需要我们细心观察，才能发现其美的闪光点。最后要设计多种形式的审美角度、途径和方法，既能吸引大学生的眼球，抓住其好奇心强的特点，又能全方位地把握审美对象。谨记以上三点才能在社会实践中发现美、创造美，每个个体存在于社会中，既是美的欣赏者，也是美的创造者。拿最简单的课外活动植树来讲。春天外出植树本就是一次春游，呼吸新鲜空气，欣赏郊外春光，使人心旷神怡、精神爽朗，而植树活动又是在为日后的审美活动创造美，可见审美教育的实践活动也是创造美的活动。在实践中，我们应确保每个学生都能参与其中。教育部正在尝试建立音体美兼职教师管理办法，让更多有艺术特长的人，在达到一定标准并通过一定的程序后，帮助学校组织艺术活动或者辅导学生课外活动。这样既可以有效地保证美育活动的真正落实，又可以建立评价制度，促进学校美育的科学发展。努力实现学生参加至少一项美育活动，培养一两项艺术爱好，活动内容贴近校园生活，为学生所喜闻乐见。

在社会实践中提升自己的审美素养。"爱美之心，人皆有之"，虽然对美的追求之心几乎存在于每个个体身上，但对美的理解却千差万别，有的人只停留在对象表面，仅仅是对形式美的赏析，有的却深入事物内部去发现美的闪光点，由此形成的个人审美素养也是完全不同的。大学生的社会实践活动既然是为了提升自己的审美素养，就应该从审美的第一步"认识美"开始，有意识地培养自己认真观察的好习惯，在实践活动中将书本所学知识融会贯通，多与师长及同龄人交流讨论，解决疑问，积累心得，最终在潜移默化中提升自己的审美素养。这样的实践活动在我国高校的普遍开展已历时多年，收到了很大成效。但随着时代的变化，固有的实践活动出现众多问题，需要思想的更新，提升学生的人文素养则是首要解决的问题。人文素养是一种精神，与审美情趣密切相关，但它的养成却是一个艰辛而漫长的过程。在开展实践活动时，应选择人文精神丰富的活动，以丰富的历史文化精粹来感染学生。

参考文献

原著专著类

［德］康德：《判断力批判（注释本）》，李秋零译，中国人民大学出版社 2011 年版。

［美］维塞尔：《席勒美学的哲学背景》，毛萍译，华夏出版社 2010 年版。

［德］黑格尔：《美学》（第 1 卷），商务印书馆 1979 年版。

《席勒散文选》，张玉能译，百花文艺出版社 1997 年版。

［俄］车尔尼雪夫斯基：《艺术与现实的美学关系》，人民文学出版社 1964 年版。

《马克思恩格斯全集》（第 23 卷），人民出版社 1972 年版。

《马克思恩格斯全集》（第 42 卷），人民出版社 1979 年版。

《马克思恩格斯选集》（第 1 卷），人民出版社 1995 年版。

《马克思恩格斯选集》（第 2 卷），人民出版社 1995 年版。

《马克思恩格斯选集》（第 3 卷），人民出版社 1995 年版。

《马克思恩格斯选集》（第 4 卷），人民出版社 1995 年版。

《马克思列宁主义美学原理》（上册），读书·生活·新知三联书店 1961 年版。

柏拉图：《文艺对话集》，人民出版社 1963 年版。

北京大学哲学系美学教研室编：《中国美学史资料选编》，中华书局出版 1980 年版。

蔡仪：《蔡仪美学论初编》，上海文艺出版社 1982 年版。

《蔡元培文选》，北京大学出版社 1983 年版。

《蔡元培文选集》，北京大学出版社 1983 年版。

蔡元培：《美学文选》，北京大学出版社 1983 年版。

陈铁梅：《美术教育的真谛：审美人生教育让生命绚丽成长》，江苏教育出版社 2011 年版。

《陈望道文集》（第 2 卷），上海人民出版社 1980 年版。

丁钢：《历史与现实之间：中国教育传统的理论探索》，广西师范大学出版社 2009 年版。

丁钢：《聆听世界·多元社会中的教育领导》，华东师范大学出版社 2008 年版。

丁钢：《全球化视野中的中国教育传统研究》，广西师范大学出版社 2009 年版。

《杜国庠文集》，人民出版社 1962 年版。

杜时忠：《人文教育论》，江苏教育出版社 1999 年版。

杜威：《民主主义与教育》，人民教育出版社 1980 年版。

杜卫：《审美功利主义：中国现代美育理论研究》，人民出版社 2004 年版。

冯宪光：《马克思美学的现代阐释》，四川教育出版社 2001 年版。

冯宪光：《新编马克思主义文论》，中国人民大学出版社 2011 年版。

高尔泰：《美事自由的象征》，人民文学出版社 1986 年版。

胡适：《胡适文存》，远东图书公司 1985 年版。

黄枬森主编：《马克思主义哲学体系的当代构建——马克思主义哲学创新研究》（上下），人民出版社 2011 年版。

黄铨剑、王燕萍、胡红：《音乐审美教育与大学生心理健康》，河南文艺出版社 2008 年版。

寇鹏程：《马克思主义存在根基与实践美学》，苏州大学出版社 2008 年版。

李剑：《教育审美与教育批判：解脱现代性断裂对民族教育发展的困扰》，中央民族大学出版社 2011 年版。

李文库：《简明美育教程》，电子工业出版社 1989 年版。

李秀林：《辩证唯物主义和历史唯物主义原理》，中国人民大学出版社 2004 年版。

李佑新：《社会发展论》，湖南人民出版社 1998 年版。

李云芝：《马克思主义美学观与现实审美实践》，哈尔滨工程大学
出版社 2007 年版。

林雪原：《高校马克思主义信仰教育研究》，中国社会科学出版社
2013 年版。

刘方喜：《审美生产主义——消费时代马克思美学的经济哲学重
构》，社会科学文献出版社 2013 年版。

刘纲纪主编：《马克思主义美学研究》（第 7 辑），广西师范大学出
版社 2004 年版。

刘康：《马克思主义与美学——中国马克思主义美学家和他们的西
方同行》，李辉、杨建刚译，北京大学出版社 2012 年版。

刘叔成、夏之放：《美学基本原理》，人民出版社 2001 年版。

刘玉红、陈志伟：《大学生全面发展规划教程》，东北大学出版社
2006 年版。

卢世林：《美与人性的教育——席勒美学思想研究》，人民出版社
2009 年版。

马池：《马克思主义美学传播史》，漓江出版社 2001 年版。

马驰：《艰难的革命：马克思主义美学在中国》，首都师范大学出
版社 2006 年版。

马克思：《1844 年经济学哲学手稿》，人民出版社 2000 年版。

马铃：《马克思人的美学思想探究》，湖北人民出版社 2008 年版。

马龙潜：《知识经济与审美教育》，河南人民出版社 2004 年版。

莫其逊：《美学的现实性与现代性》，中国社会科学出版社 2002
年版。

潘知常：《生命美学》，河南人民出版社 1991 年版。

潘智彪：《诗何以群：在审美文化与社会系统之间的行走》，中国
社会科学出版社 2010 年版。

彭锋：《美学的意蕴》，中国人民大学出版社 1983 年版。

秦晖：《传统十论：本土社会的制度、文化及其变革》，复旦大学

出版社 2013 年版。

沈炜、宋来：《大学生全面发展教育：科学发展观视角》，华东理
工大学出版社 2009 年版。

石云霞：《马克思主义理论教育思想发展史研究》（上、下），中国
社会科学出版社 2012 年版。

松井三雄：《体育心理学》，中国体育出版社 1985 年版。

宋元林等：《网络文化与人的发展》，人民出版社 2009 年版。

谭好哲：《艺术与人的解放——现代马克思主义美学的主题学研
究》，山东大学出版社 2005 年版。

陶伯华：《美学前沿》，中国人民大学出版社 2004 年版。

童庆炳：《文学审美论的自觉：文学特征问题新探索》，北京师范
大学出版社 2011 年版。

《王国维美学论著选》，北岳文艺出版社 1988 年版。

王洪岳：《美学审丑读本》，北京大学出版社 2011 年版。

王洪岳：《审美与启蒙：中国现代主义文论研究（1900—1949）》，
光明日报出版社 2009 年版。

王继全：《马克思主义利益观视阈中的思想政治教育》，浙江大学
出版社 2013 年版。

王杰主编：《马克思主义美学研究》（第 12 卷第 2 期），中央编译
出版社 2009 年版。

王杰主编：《马克思主义美学研究》（第 13 卷第 1 期），中央编译
出版社 2010 年版。

王杰主编：《马克思主义美学研究》（第 13 卷第 2 期），中央编译
出版社 2010 年版。

王杰主编：《马克思主义美学研究》（第 14 卷第 1 期），中央编译
出版社 2011 年版。

王希军等：《审美教育》，中国石油大学出版社 2007 年版。

王晓丽：《生活世界视阈下人的发展研究》，人民出版社 2008 年版。

王燕晓：《毛泽东的全面教育思想研究》，北京师范大学出版社
2011 年版。

王志敏:《元美学》,江苏教育出版社 2010 年版。

王智平、李建民:《大学文化论》,中国社会科学出版社 2009 年版。

席勒:《大师谈美》,李光荣译,重庆出版社 2008 年版。

席勒:《美育书简》,中国文联出版公司 1984 年版。

席勒:《审美教育书简》,张玉能译,人民出版社 2011 年版。

席勒:《审美教育书简》,张玉能译,译林出版社 2012 年版。

《席勒精选集》,张黎编选,山东文艺出版社 1998 年版。

席勒:《席勒美学信简》,高燕、李金伟译,金城出版社 2010 年版。

肖谦:《多视野下的大学文化》,西南交通大学出版社 2009 年版。

徐恒醇:《大家精要·席勒》,云南教育出版社 2009 年版。

许明等:《马克思主义美学思想史》(1—4 卷),中央编译出版社
　1999 年版。

许韶平、王海芳:《当代大学生审美教育新探》,光明日报出版社
　2013 年版。

阎国忠、杨道圣:《作为科学与意识形态的美学:中西马克思主义
　美学比较》,北京科文图书业信息技术有限公司 2007 年版。

燕国材:《素质教育论》,河南人民出版社 1997 年版。

杨春时:《生存与超越》,广西师范大学出版社 1997 年版。

杨辛:《美学原理新编》,北京大学出版社 1996 年版。

杨辛:《青年美育新编》,北京大学出版社 1997 年版。

姚秋杰、许长盛、黄永久:《积淀与勃兴:当代大学生全面发展战
　略架构》,吉林人民出版社 2005 年版。

叶碧:《大学审美文化教育论》,浙江大学出版社 2008 年版。

袁济喜:《传统美育与当代人格》,人民文学出版社 2002 年版。

岳友熙:《追寻诗意的栖居:现代性与审美教育》,人民出版社 2009
　年版。

曾繁仁:《美学之思》,山东大学出版社 2003 年版。

曾繁仁:《文艺美学研究丛书:中西对话中的生态美学》,人民出
　版社 2012 年版。

曾繁仁:《转型期的中国美学》,商务印书馆 2007 年版。

曾繁仁等：《现代中西高校公共艺术教育比较研究》，经济科学出版社 2009 年版。

张玉能：《审美人类学丛书——席勒的审美人类学思想》，广西师范大学出版社 2005 年版。

张治库：《生存与超越：人的存在与发展的文化性解读》，人民出版社 2012 年版。

赵康太主编：《中外马克思主义理论教育比较研究》，中国社会科学出版社 2009 年版。

周国平：《尼采：在世纪的转折点上》，上海人民出版社 1986 年版。

周杨：《关于美学研究工作的谈话》（第 3 期），上海文艺出版社 1981 年版。

周玉清、王少安：《社会主义核心价值体系引领大学文化建设论纲》，人民出版社 2011 年版。

朱志荣：《中国审美理论》，北京大学出版社 2005 年版。

论文类

白雪松、李海、华秋艳：《加强对大学生审美教育的理性思考》，《河北科技师范学院学报》（社会科学版）2005 年第 6 期。

蔡佳：《素质教育与审美》，《内蒙古民族大学学报》2005 年第 3 期。

陈海英：《当代大学生审美教育初探》，《江苏高教》2007 年第 5 期。

陈斯拉：《浅论大学生审美教育》，《思想教育研究》2007 年第 8 期。

丁萍：《大学生审美教育缺失原因及对策分析》，《山东省青年管理干部学院学报》2008 年第 1 期。

丁同楼：《学生审美教育的重要途径——书法教育》，《辽宁行政学院学报》2011 年第 11 期。

丁铮、高秦嫣：《大学生审美心理探究与审美教育的对策思考》，《中南林业科技大学学报》（社会科学版）2011 年第 8 期。

樊清：《后现代公共行政话语理论的哲学基础》，《宁夏社会科学》2011 年第 2 期。

高秦嫣:《当代大学生审美心理分析与审美教育的对策思考》,《福建农林大学学报》(哲学社会科学版)2011 年第 9 期。

高宣扬:《论梅洛—庞蒂的生命现象学》,《同济大学学报》2010 年第 3 期。

高宣扬:《论米歇·昂利的生命现象学》,《北京大学学报》2011 年第 2 期。

耿爱先:《论当代大学生审美教育遮蔽的视域》,《中国成人教育》2008 年第 5 期。

胡友峰:《审美共通感》,《外国文学》2011 年第 3 期。

蒋夏宁:《当代大学生审美心理教育探析》,《宁夏大学学报》(人文社会科学版)2006 年第 7 期。

李道先、侯曙芳:《试论工科院校大学生的审美教育》,《安徽农业大学学报》(社会科学版)2004 年第 12 期。

李晓林:《审美主义:从尼采到福柯》,《厦门大学学报》2005 年第 2 期。

李欣:《试论摄影艺术在大学通识教育中的作用》,《中共太原市委党校学报》2014 年第 12 期。

李玉华、谷玉梅、江红:《论当代大学生审美素质的培养》,《兰州大学学报》2005 年第 4 期。

刘佩芬、曾葵芬:《韩剧风靡背景下大学生高尚情操的培养》,《产业与科技论坛》2014 年第 11 期。

刘思智:《当代大学生审美教育现状及对策的思考》,《教育与职业》2009 年第 4 期。

刘文瑾:《艺术与偶像崇拜》,《文化与诗学》2009 年第 1 期。

吕东春:《大学生审美教育与素质教育》,《辽宁工程技术大学学报》(社会科学版)2014 年第 7 期。

莫伟民:《莱维纳斯的主体伦理学研究》,《江苏社会科学》2006 年第 6 期。

莫伟民:《主体的真相——福柯与主体哲学》,《中国社会科学》2010 年第 3 期。

彭锋:《全球化视野中的美的本质》,《天津社会科学》2011 年第 3 期。

曲欣、甄玮:《论多元文化时代大学生审美教育》,《中国青年政治学院学报》2013 年第 5 期。

尚杰:《"外部的思想"与"横向的逻辑"》,《世界哲学》2009 年第 3 期。

孙默旖旎:《高校美育与大学生完美人格的养成》,《辽宁科技学院学报》2014 年第 12 期。

田夏彪:《大学生审美教育缺失的审视》,《黑龙江高教研究》2014 年第 8 期。

汪堂家:《同名异释:德里达与列维纳斯的互动》,《同济大学学报》2007 年第 5 期。

王恒:《解读列维纳斯的〈意向性与感性〉》,《哲学研究》2005 年第 10 期。

王剑梅、孙秀杰、刘可萍:《大学生审美教育的德育功能》,《青少年研究》(山东省团校学报)2004 年第 6 期。

王晓华:《西方主体论身体美学的诞生踪迹》,《学术研究》2009 年第 11 期。

吴静:《德勒兹的自由哲学意义及其局限性》,《江苏社会科学》2011 年第 2 期。

杨大春:《从法国哲学看身体在现代性进程中的命运》,《浙江学刊》2004 年第 5 期。

杨大春:《列维纳斯或主体性的失落、延续与转换》,《江西社会科学》2009 年第 9 期。

杨大春:《艺术直观与形而上学》,《当代艺术与投资》2011 年第 7 期。

杨晶:《庄子审美教育思想的现代阐析》,《云南社会主义学院学报》2014 年第 11 期。

姚武:《论审美媒介化在大学生审美教育中的利与弊》,《社科纵横》(新理论版)2008 年第 3 期。

于奇智：《从康德问题到福柯问题的变迁》，《中国社会科学》2011
年第 5 期。

袁茵：《高校音乐教育与审美教育简析》，《山东社会科学》2014 年
第 12 期。

张国圣、于滢：《论艺术教育在高校校园文化建设中的积极作用——
艺术教育的审美教育作用》，《科技展望》2014 年第 11 期。

张颖：《文学教育与大学生人文素质的培养》，《长春理工大学学
报》（社会科学版）2014 年第 12 期。

张玉芬：《大学生审美教育实效性探析》，《湖南科技学院学报》
2006 年第 8 期。

诸小妮：《大学生审美教育研究文献综述》，《文学教育》（上）2010
年第 8 期。

后　记

　　教育改革是党的十八大讨论的重点问题，美育作为教育的一个重要方面，已经开始受到教育界的普遍关注。陈宝生部长指出，加强学校美育工作主要有三个方面的意义。"第一，加强美育是全面贯彻党的教育方针，落实立德树人根本任务的需要；第二点意义是增强'四个自信'，即理论自信、道路自信、制度自信和文化自信的需要；第三点就是实现教育现代化的需要。"作为高校教育工作者，我们必须认清美育的重要地位，以强烈的责任心、自觉的行动、有效的措施，推动高校美育课程的开展，加快美育工作的整体进程。

　　新时期高校美育应向怎样的方向发展，已成为一个亟待解决的问题。我国在全面推进素质教育的同时，将"全面发展"作为教育活动开展的总目标。一个全面发展的人必定需要各方面均衡发展，智育、德育、体育在教改中得到了相应的发展，唯有美育处于相对偏远的位置，没有很好的实施措施。陈宝生讲道："要把社会主义核心价值观作为学校美育的灵魂，将其融入到学校美育的方方面面和各个环节；要注重公平，开齐开足美育课程，不能落下一个地方，一所学校；要高度重视师资问题，优化存量，强化增量，统筹社会资源，统筹部门力量，统筹人才培训，解决师资短缺问题。"这为本书研究提供了新的思路，也为美育的开展探索了新的途径。我们将从课堂教育和课外实践两大方向出发。课堂教育依靠美学专业教师的理论指导及其他课程教师以身作则的密切配合；课外实践依靠大学文化建设活动的展开及社会实践的进行，以此培养大学生的审美能力，使之形成强烈的审美意识，养成健康积极的审美情趣，努力追求更高的审美理想。笔者的研究正是为了呼吁更多的社会力量和教育同仁关注美育，关注美育对于人格塑造和大学生全面发展的特殊推动力，以此促进素质教育的顺利开展。泱泱中华之未来，在于青少年之未来，青年大学生将意气风发、德才兼备地接过建设祖国的大旗，建设一个真正有中国特色的社会主义家园。